数智商贸新形态一体化系列教材

短视频策划与制作

孙玲玉　潘双鸿◎主　编
吴　辉　黎　曲　伍继成◎副主编

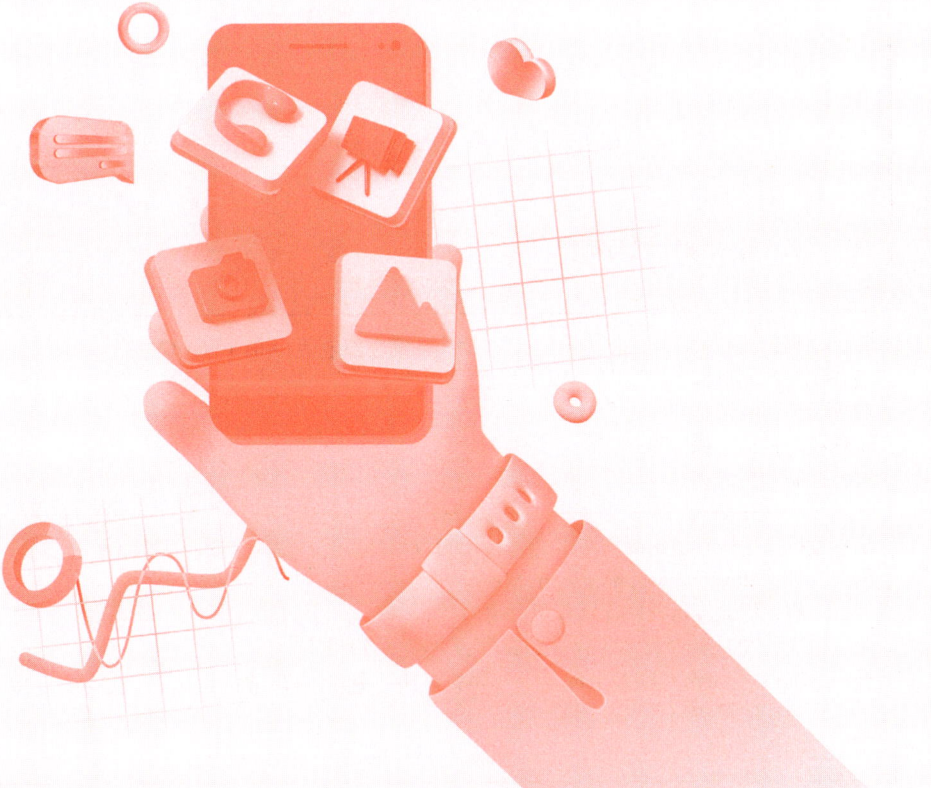

中国铁道出版社有限公司
CHINA RAILWAY PUBLISHING HOUSE CO., LTD.

内 容 简 介

本书为数智商贸新形态一体化系列教材之一，通过丰富的理论铺垫与案例分析，由易而难、由浅入深、循序渐进地介绍了短视频策划与制作的相关知识和操作技能。全书共 7 个项目，包括短视频基础认知、短视频内容策划、短视频拍摄与剪辑、短视频运营、短视频商业运营、短视频制作和短视频直播运营。本书通过项目任务讲解相关知识点，以任务驱动工作，化理论为实践、化抽象为具体，旨在培养读者的动手能力，以便读者能尽快掌握策划、拍摄、剪辑和运营短视频的操作技能。

本书所有知识点都结合具体的案例和相关理论进行讲解，便于读者理解和掌握。本书适合作为职业院校电子商务、网络与新媒体等专业短视频相关课程的教材，也可供短视频行业从业人员及有志于进入短视频运营领域的创业者参考。

图书在版编目（CIP）数据

短视频策划与制作 / 孙玲玉，潘双鸿主编. -- 北京 : 中国铁道出版社有限公司，2024. 9. -- (数智商贸新形态一体化系列教材). -- ISBN 978-7-113-31428-6

Ⅰ. F713.365.2; TN948.4

中国国家版本馆 CIP 数据核字第 2024PW4761 号

书　　名：短视频策划与制作
作　　者：孙玲玉　潘双鸿

策　　划：曹莉群　　　　**编辑部电话：**（010）51873135
责任编辑：谢世博
封面设计：高博越
责任校对：刘　畅
责任印制：樊启鹏

出版发行：中国铁道出版社有限公司（100054，北京市西城区右安门西街 8 号）
网　　址：https://www.tdpress.com/51eds/
印　　刷：河北宝昌佳彩印刷有限公司
版　　次：2024 年 9 月第 1 版　2024 年 9 月第 1 次印刷
开　　本：787 mm×1 092 mm 1/16　**印张：**10　**字数：**228 千
书　　号：ISBN 978-7-113-31428-6
定　　价：32.00 元

编审委员会

前　言

随着5G技术的普及，短视频成为互联网用户日益依赖的内容产品，也成为人们重要的娱乐方式之一。一方面，短视频以其生动形象的片段性呈现、多元化题材，满足了人们的多样化、个性化需求；另一方面，短视频通过拍摄、观看、点赞、评论等行为，让用户之间形成互动。因此，短视频成为互联网文化产业的增长点之一。目前，各高校纷纷在相关专业开设与短视频相关的课程。鉴于此，编者萌生了帮助短视频创作者的愿望，希望帮助大家在短视频策划与制作道路上走得更稳、更好，于是有了本书的创作。本书具有以下特色：

（1）实例典型、轻松易学

本书所引用的实例，均与生活密切相关，读者在学习过程中不会觉得陌生，更容易接受，从而提高学习效率。

（2）理实一体、提高兴趣

本书注重培养读者的实践能力，采用理论+实践的方式，对短视频制作等相关技术进行详细的讲解。

（3）情境引入、思政融入

本书以短视频策划与制作为主线，采用情境引入的写作方式，包含项目概述、知识准备、项目实施、项目小结、知识巩固、项目评测等内容，部分项目引入思政园地和拓展知识，培养学生的技能和素养。

本书注重理论与实践相结合，通过实例和案例分析，帮助读者将所学的知识应用到实际情境中。本书能为读者提供短视频策划与制作等方面的基础知识和实践指导，帮助读者在视频策划制作领域取得更好的成果。同时帮助读者巩固理论知识，并培养独立思考和解决问题的能力。在传授专业技能的同时，也注重对读者价值观的引领。面对快速变化的短视频行业，我们倡导读者树立终身学习的理念。本书不仅传授当前的知识与技能，更引导读者关注行业动态等前沿信息，培养其持续学习、自我提升的能力。

本书由孙玲玉、潘双鸿任主编，吴辉、黎曲、伍继成任副主编。本书适合作为职业院校电子商务、网络与新媒体等专业短视频相关课程的教材，也可供短视频行业从业人员及有志于进入短视频运营领域的创业者参考。

由于编者水平有限，书中难免存在不足之处，望读者批评指正。

编　者

2024年6月

目 录

项目1 短视频基础认知

学习目标

【知识目标】

◎ 了解短视频的定义；
◎ 熟悉短视频的特点；
◎ 掌握短视频的类型；
◎ 理解短视频的优势；
◎ 掌握短视频的制作流程；
◎ 熟悉常见的短视频平台算法推荐机制。

【能力目标】

◎ 能够下载各短视频应用，体会短视频平台的算法推荐机制；
◎ 能够根据短视频行业各岗位职责要求，分析自身兴趣和努力方向。

【素质目标】

◎ 培育并践行社会主义核心价值观；
◎ 强化安全意识、底线意识和法律意识；
◎ 能够和团队成员协同，提升短视频制作岗位的适应能力，完成项目实施。

项目概述

【情境描述】

晓慕对短视频行业非常感兴趣，他有志于在该领域就业，于是前期搜索整理了短视频行业的相关资料，他发现短视频具有独特的营销优势，能够创造许多社会价值。于是，晓慕打算系统地学习短视频的相关理论知识，梳理短视频从业人员应具备的职业能力，做到未雨绸缪，以便提高自己将来在人才市场的竞争力。

【场景案例】

短视频营销优势显著　赋能就业创造社会价值

第53次《中国互联网络发展状况统计报告》显示，截至2023年12月，我国网民规模为10.92亿，互联网普及率达77.5%。截至2023年12月，我国短视频的用户规模增长较为明显，达10.53亿，占网民整体的96.4%。网络直播用户规模达8.16亿，占网民整体的74.7%。

作为主流的互联网应用，短视频平台在价值层面上重视公平和普惠、在战略层面上注重社会利益的倾斜，在运营层面上主动承担治理责任，逐渐构建起了连接用户、商家、达人、机构、服务商的平台生态。

“用户在哪里，营销就在哪里”是营销界的基础逻辑，基于优质内容的迅速发酵与广泛传播，短视频平台逐渐成为了品牌营销的最佳宣传阵地。2017年，短视频上流行起海底捞“鸡蛋虾滑油面筋”的吃法，而后陆续出现的“番茄牛肉饭”“最好吃的蘸料”等海底捞网红吃法，刷爆了短视频，吸引了诸多网友特意前往海底捞体验短视频吃法。

采用传统的营销方式，运营者需要投入大量的人力、物力、财力进行市场调研，还不一定能取得营销成果，然而短视频营销却因声画结合、内容丰富、参与性强的特点，极易形成网民自发参与的广泛性传播。

另据中国人民大学劳动人事学院发布的《短视频平台促进就业与创造社会价值研究报告》显示，仅快手平台便带动就业机会总量3 463万个。一类是直接带动的就业机会共2 000万个，主要来自创作者和主播的就业机会；另一类为快手电商生态和内容生态拉动的就业机会共1 463万个，其中电商生态带动的就业机会923万个，内容生态带动的团队就业、MCN机构、直播公会、代理商、服务商等机构就业机会540万个。

【课堂讨论】

（1）分享你熟知的短视频营销方式。

（2）查阅招聘网站，短视频行业有哪些具体的就业岗位？

知识准备

短视频因其观看场景自由、单位时间信息密度大、传播和社交属性强、用户使用门槛低的优势，目前已经成为移动互联网时代的主流应用。本章主要简述短视频相关知识、分析短视频营销优势、介绍常见的短视频平台及短视频从业人员职业素养等内容。

1.1 短视频概述

短视频行业迅速发展，覆盖人群不断扩大，商业模式不断更新。下面主要介绍短视频的定义、特点、类型、制作流程和发展趋势。

1.1.1 短视频的定义

短视频即短片视频，是以网络和移动智能终端（主要指智能手机和平板电脑）为手段，以移动短视频应用App为依托，时长几秒到几分钟，可实现即时拍摄和编辑，能够在社交媒体平台上实时分享的一种新型视频形式。

2011年美国移动短视频社交应用Viddy正式发布；2013年1月，Twitter推出视频分享应用Vine，用户应用这款App能够拍摄时长为6秒的短视频并且可以进行一键分享；同年图片社交工具Instagram也推出了视频分享功能，并且将拍摄时长增至15s。

相较于国外，国内短视频发展较晚。2013年8月，新浪微博发布了秒拍，时长为10s，实现微博用户快速便捷地拍摄和分享短视频。经过几年的探索与发展，各类短视频平台相继崛起，短视频产业蓬勃发展。

1.1.2　短视频的特点

短视频被业界认为是互联网领域的风口，吸引了大规模的人才、资金进入。与传统视频相比，短视频主要具有以下五个特点。

1. 生产流程简单化、制作门槛低

与传统视频相比，短视频的生产流程简单，只需要一部手机就可以完成拍摄、制作，实现即拍即传、随时分享。目前主流的短视频App中，都设有模仿跟拍、一键添加滤镜、特效等功能，制作门槛低，极易上手。

2. 信息碎片化、密度大

短视频的时长一般在6秒～5分钟，很多短视频内容只有15秒，意味着单位时间内受众能够充分利用碎片化的时间便捷地获取信息，单位时间的信息密度更大，极大地满足了用户需求。

3. 内容个性化、多元化

短视频有着较低的准入门槛，大量用户涌入短视频领域，呈现个人生活、才艺表演、美食制作等内容，充分表达个人想法、日常生活，短视频内容呈现个性化、多元化的特点。

4. 社交属性强

短视频已经成为新的社交模式，用户生产内容后经过社交分发、智能分发后，普通用户通过点赞、评论、转发等行为与短视频的发布者进行互动，传播力强、范围广。

5. 营销模式多样化、商业价值大

短视频凭借其碎片化传播，又辅之直播，营销模式呈现多样化，它能够通过各种元素的塑造表达一个特定的情节和场景，在将商家品牌文化理念很好融入的同时又充分调动消费者的感官体验，进而刺激消费。

1.1.3　短视频的类型

【课堂讨论】

（1）短视频有哪些常见的类型?

（2）你经常点赞分享的是哪一类视频，这类视频呈现怎样的特点?

（3）如果让你创作短视频，你会选择创作哪一类视频，理由是什么?

依据不同的划分标准，短视频类型多样。本书仅从短视频内容生产模式和内容创作两个维度进行分类。

1. 按照短视频内容生产模式划分

按照生产模式的不同，短视频可以分为UGC、PGC、OGC、MCN、EOM五种类型，具体见表1-1。

表1-1 短视频内容生产模式

内容生产模式	具体内容
UGC（user-generated content）	用户生成内容。此处的用户指普通用户，没有自媒体团队。UGC具有产出量大、内容质量参差不齐、商业价值不高的特点，但是个人生产的内容依然能吸引大量粉丝
PGC（professionally-generated content）	专业生产内容。这类生产者主要来自新闻单位、非新闻单位网站或者平台等机构的专业人士，他们可以进行原创稿件、专题栏目制作等，内容质量较高
OGC（occupationally-generated content）	职业化生产内容。此类用户创作的内容属于职务行为
MCN（multi-channel network）	多频道网络的产品形态。在资本的有力支持下，保障短视频内容的持续输出，从而最终实现商业的稳定运营
EOM（enterprise owned-media）	企业自有媒体生产的内容，具有一定的宣传性质。很多企业建立了包括短视频账号在内的自媒体账号矩阵

2. 按照短视频内容创作划分

（1）搞笑类

搞笑类内容创作目的是满足用户娱乐消遣、缓解压力、舒缓心情的需要。搞笑类短视频一般分为情景剧和脱口秀两种。

① 情景剧：往往有一定的故事情节，内容贴近生活，通常由两人以上出演，注重情节反转。

② 脱口秀：主要以调侃吐槽的方式就某个话题发表看法和见解，此类内容个人风格明显。

（2）访谈类

访谈类短视频脱胎于传统媒体的访谈节目，因其话题性强，访谈嘉宾的反应往往容易出梗，更易传播，这类短视频的流量往往很大。

（3）解说类

该类短视频的内容创作方向是解说电影、电视、综艺节目等。创作该类视频要求创作者的声音具有辨识度，对解说内容把握得精准透彻。

（4）时尚美妆类

此类视频的受众多是追求时尚、美丽、潮流的年轻人。各大短视频平台上涌现了大量的时尚博主，她们通过发布化妆短视频、穿搭短视频等内容，逐渐形成了自己的影响力，积累了自己的固定粉丝。

（5）文艺清新类

该类视频内容大多涉及生活、文化、习俗、传统、风景等，风格类似于纪录片、微电影，画面文艺、优美，色调清新、淡雅。虽然受众范围小，选题比较难，但是粉丝黏性很高，运营能力强。

（6）才艺展示类

该类视频内容选题范围规范，包括歌唱、跳舞、技能专长（如乐器演奏、手指舞、魔术、健身、厨艺等）。这类视频因其特色明显，激发用户模仿兴趣，因此经常占据热榜名单。

（7）技能干货类

这类短视频的内容主要介绍技能知识或分享专业领域内的干货，这类视频形式多样，可以采用图文、讲解类或动画演示类等形式。

图文类短视频：又称清单式短视频，制作简单，只需要一些图片、文字，配上一些音乐即可。

讲解类短视频：一般创作者出镜对着镜头讲解，辅之一些画面素材，配上字幕即可，方便用户理解。

动画演示类短视频：从视觉形式上动画类视频有二维、三维及兼具二维和三维的形式。这类视频风格和题材多样，画风风趣幽默，往往给人留下深刻的印象，因此流量颇高。

（8）vlog 类

该类内容多以记录生活为主，主题非常广泛。基本是需要博主出镜，博主需要以旁述、讲解的方式向大家介绍一些东西，或表达一些东西。由于该类视频的参与感和临场感强，目前该类形式颇受用户追捧。

1.1.4　短视频制作流程

短视频创作流程包括选题与策划、短视频拍摄、短视频剪辑、短视频发布、短视频运营五个步骤，如图 1-1 所示，每一个步骤都至关重要，这些内容将在后续章节详细介绍。

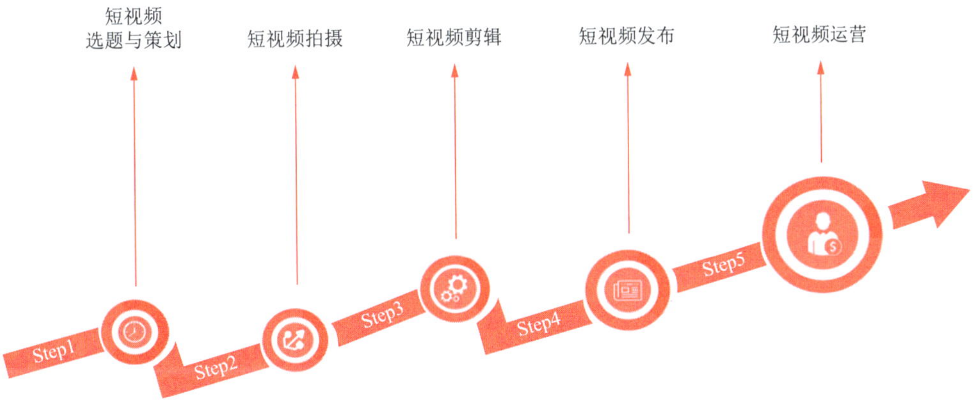

图1-1　短视频创作流程

1.1.5　短视频的发展趋势

当前，短视频行业发展逐渐从增量市场向存量市场过渡，短视频平台与其他行业融合，呈现出全面推进、多点突围的发展态势。短视频以移动化、视频化的特征，以内容和平台建设突破了机构与行业边界，其下沉化趋势将重塑媒体与受众之间的连接，强化平台与用户之间的互动。在 5G 与人工智能技术的深度嵌入背景下，短视频的智能化发展与服务化功能将进一步凸显。

1．视频化：回归内容属性，强化传播价值

未来，短视频发展将回归内容价值，从娱乐、社交、消费等逐步转向新闻资讯、生活服务、文化传承等参与社会建设的轨道上，从社交属性过渡到内容属性。短视频内容从

“泛娱乐化”转向“泛内容化”“泛知识化”的过程中，短视频行业会采取“PGC+UGC”的内容生产模式，充分发挥各跨界平台自身的优势，拓宽短视频内容生产的结构布局与辐射范围，打造全新的内容生态体系。

2．智能化：突出技术引领，提高智能水平

随着5G网络的普及以及人工智能技术的发展，“人工智能+短视频”进程将持续深化。当前，抖音的超级算法机制能精准分析用户习惯，传播精准、到位；“快手时光机”等小应用程序的背后是快手对AR、AI等技术的深度开发。另外，“5G+AI”技术的发展，将进一步推动短视频与直播的融合发展，“直播+”将日益嵌入社会生活。5G还将催生互动视频、VR/AR等沉浸式视频。

3．下沉化：注重需求导向，促进消费升级

短视频下沉需要重视多层次用户群体的使用需求，从短视频消费升级的角度看，电竞、二次元、国风、养生、趣味等年轻人热衷的内容与短视频平台的内容传播相契合。同时，由于短视频存量时代与银发时代的叠加效应，使得二、三线及以下城市老年短视频用户群体将持续扩大，一系列银发网红的发展伴随直播、带货、MCN机构的介入，进入挖掘培养等商业化运作阶段，成为短视频平台内容消费与产品营销的强势力量。

4．媒介化：联通社会资源，拓展功能服务

“短视频+”将持续创造新动能，通过“+电商”“+音乐”“+教育”“+游戏”“+扶贫”“+文旅”等多种形式，推动形成多领域的交叉融合。未来，短视频平台在直播电商、在线教育、生活服务、休闲娱乐、知识传播与内容付费等模式的带动下，将深度嵌入社会生活与产业结构，融合消解更多产业边界，连接赋能更多行业发展。

1.2 短视频营销优势

优质的短视频内容可借助社交媒体的渠道优势实现快速广泛性传播，因此短视频营销成为目前企业和品牌主常用营销方式。短视频因独特的内容生产和互动方式，颇具营销优势。

1.2.1 互动性强，增强用户黏性

所有的短视频几乎都可以进行单向、双向或者多向的互动交流，增加用户的黏性。一方面用户通过与企业的短视频互动，对企业的品牌进行传播，以及表达自己的意见和建议。另一方面企业可以依此获得更多反馈信息。

1.2.2 品牌信息释放多元，用户接受度高

短视频相对于其他形态来说，更能够去植入或传达品牌形象和产品形态。因为它的维度非常多，有人的维度、画面的维度、场景的维度、情节的维度等，用户的可接受程度更高。

1.2.3 投入成本低，营销回报大

短视频营销的成本主要体现在制作、传播和运营商上。打造质量上乘吸引观众眼球的

作品，能够实现一次投入多次传播，成本相较于传统营销更为低廉。随着用户对于短视频质量的要求提高，短视频的制作也要渐渐地开始往专业化、团队化的方向发展。

1.2.4 品牌信息渗透力强，用户接受度高

相对于其他形态来说，短视频能够给用户更加直观的感官冲击，更为立体的感受，更易赢得消费者的青睐，使其产生购买冲动及欲望。

1.2.5 目标客户精准，营销更加高效

短视频平台因其大数据的发展，通过智能算法和高效的分发系统，可以帮助品牌找到更多相互联系的用户，通过兴趣圈实现二次沟通，扩大品牌影响力，目标客户的触达更加精准。

1.2.6 品牌覆盖渠道广，易形成快速广泛性扩散传播

短视频时长短，更能适应快生活节奏，一条优质的短视频内容能够迅速刷屏，用户在短视频进行互动的时候，可以点赞、评论、转发到其他社会化媒体平台，使得品牌覆盖渠道广，从而达到快速广泛扩散的效果。

1.3 常见的主流短视频平台

作为主流的互联网应用，短视频市场格局相对稳定。主流的短视频平台包括抖音、快手、西瓜视频、微信视频号等。

1.3.1 抖音

抖音隶属于北京抖音信息服务有限公司（原名：北京字节跳动科技有限公司），2016年9月20日于今日头条孵化上线，定位为适合年轻人的音乐短视频社区，用户可通过选择音乐、拍摄短视频来完成作品。2017年抖音切入直播业务；2018年3月，抖音确定新标语“记录美好生活”。2022年1月，抖音推出电脑版客户端；2023年2月7日，抖音生活服务相关负责人称，“抖音团购配送”项目仍在北京、上海、成都试点当中。

抖音通过定期推出一些新玩法，引领普通用户参与到创作中，激发创作灵感。同时，抖音平台的流量也逐渐向品牌自播倾斜，以帮助更多品牌实现赋能。比如抖音“品牌自播巅峰赛”含自播排位赛、自播任务奖励、星达人来啦、Boss来啦、大牌好货溯源等方式，把品牌投入自播的积极性充分调动起来，且在每一期赛制的迭代中，持续优化奖励政策，升级直播间看点，让巅峰赛不止于赛，更是推动品牌构建自播长效运营能力、打爆生意增长的助燃剂。在抖音电商品牌自播巅峰赛第四期活动中，超3 000家品牌商家参与，近2 000家品牌日销量翻倍。

1.3.2 快手

快手是北京快手科技有限公司旗下的产品。前身叫“GIF快手”，诞生于2011年3月，最初是一款用来制作、分享GIF图片的手机应用。2012年11月，快手从纯粹的工具应用转型为短视频社区，用于用户记录和分享生产、生活的平台。2014年11月，GIF快手正式更名为快手。

在早期发展过程中，快手并没有采取以明星为中心的战略，没有将资源向粉丝较多的用户倾斜，而是利用去中心化的分发逻辑，给予每个用户平等的曝光机会，鼓励每一个用户都用快手记录和展示自己的生活，让普通用户的短视频也有更多被看见的机会，显著提高了普通用户的创作积极性，同时也加强了短视频创作者和粉丝之间的联系。因此早期收获了三四线城市以及广大农村用户群体的青睐。

近年来，快手通过一系列的运营和迭代，逐渐进行品牌升级，开始获得越来越多的一二线城市和高学历用户的青睐。

1.3.3 西瓜视频

西瓜视频由今日头条孵化而来，2016年5月，西瓜视频的前身“头条视频”正式上线，并于2017年6月正式升级为西瓜视频，该平台采用人工智能技术精准匹配内容与用户兴趣。在短视频市场上，西瓜视频争夺的是横版短视频市场。

横版短视频之所以有市场，一是因为大量的专业制作团队依然采取横版构图，从拍摄工具到镜头语言有一套成熟的制作流程；二是横版短视频在题材范围、表现方式、叙事能力等方面比竖屏短视频更有优势。除此之外，西瓜视频还拥有巨大的影视和综艺短视频资源，主要分为以下三类：用户发布的剪辑视频、西瓜视频自制的影视和综艺节目、第三方影视和综艺宣发的作品。

2021年，西瓜视频又联合抖音、今日头条共同发起“中视频伙伴计划”，大力扶持中视频内容，见图1-2。加入“中视频伙伴计划”后，中视频创作者即可获得三个平台的流量收益。

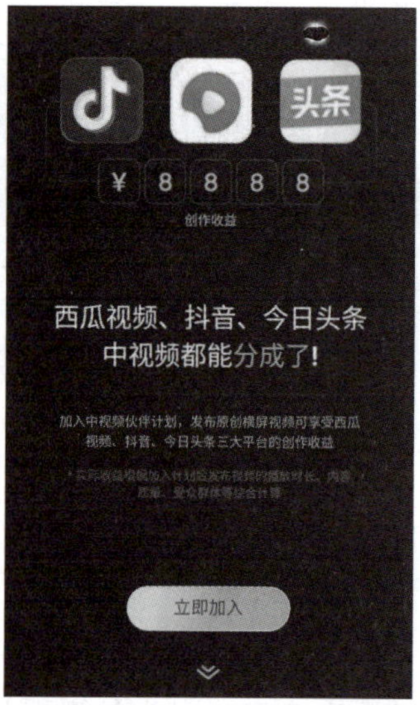

图1-2　中视频计划

1.3.4 微信视频号

2020年1月22日，腾讯公司官微正式宣布微信视频号内测。微信视频号不同于订阅号、服务号，它是一个全新的内容记录与创作平台，也是一个了解他人、了解世界的窗口。

视频号虽然起步时间晚，但是借助微信生态的巨大力量，坐拥超过12亿的用户量。微信视频号放在了微信的发现页内，置于朋友圈入口的下方，视频号内容以图片和视频为主，可以发布长度不超过1分钟的视频，或者不超过9张的图片，还能带上文字和公众号文章链接，而且不需要PC端后台，可以直接在手机上发布。

视频号支持点赞、评论，也可以转发到朋友圈、聊天场景与好友分享，这为公众号导流和电商运营提供了巨大的发展空间。

1.4 短视频从业人员职业素养

工欲善其事，必先利其器。无论是个人还是机构，要想从事短视频行业，就需要夯实基本的职业技能和素质。

【课堂讨论】

1．一个专业的短视频工作团队，包括哪些工作岗位？

2．你认为短视频从业人员应具备哪些素质？

1.4.1　短视频从业人员的必备素质

1．专业素质

• 短视频从业人员需要对短视频整体的产业结构有全面的分析，才能清晰定位自己的角色，并且理解不同岗位角色之间的联系和需求。

• 熟知短视频平台规则以及国家的政策法规对该领域的约束和规范，才能有利于长远发展。

• 知己知彼，百战不殆。当前，短视频行业跨界融合发展，要对不同短视频平台的优劣势了然于胸，方能发挥自身平台的优势、发现创新发展的机会。

• 目标导向，具备能够从全局对运营流程梳理和规划的能力。

2．实战技能

• 创新能力对于短视频内容创作者而言，尤其重要。创造力来源于对生活的观察，没有对生活热切的洞察和体会，就很难创造出打动人心的作品。

• 运营能力是诸多岗位的共性要求。具体表现为在选题策划上要具备热点捕捉的能力；在视频创作上要具备脚本创作、视频拍摄的技能；拍摄后期上要注重对各类视频处理软件如Pr、PS、AU、AE、Final Cut等的应用；后期运营上要掌握用户心理，具备用户运营技能；从业人员还需具备数据思维，能够通过数据去观察内容趋势变化、洞察用户喜好的能力。如今短视频平台更像是内容电商平台，因此从业人员还需要具备商业运营思维。

1.4.2　短视频从业人员的职业发展与岗位

短视频行业产业链已经成型，产业链参与主体不断增加，不仅有达人、主播等个体，还包括综合服务商、经纪服务商、内容服务商等生态服务商。其中主播、达人、短视频运营、直播选品、流量投放这六大核心岗位构成了蓬勃发展的人力资源队伍。

在岗位总需求量中，一线城市仍是最主要的需求地。北京、广州、深圳作为一线城市名列前三，同为一线城市的上海排名第六，新一线城市中郑州、杭州超越上海排名第四、第五，成都、沈阳、长沙三个城市紧随上海之后排名第七、第八、第九，说明短视频与直播行业的生态在新一线城市同样存在较大缺口。

短视频行业的就业机会丰富，适应各个学历层次，在学历分布中，本科和专科的占比较高。但是学习能力强、数据敏感度高、能够不断迭代进步的人才在这个行业中才是成长较快的。

1.4.3　组建短视频制作团队

要完成一个具备专业水平的短视频作品，往往需要一个团队的协作。完整成熟的短视频制作团队见表1-2。

表1-2　完整成熟的短视频制作团队

角　色	岗位职责
编剧	1. 负责原创短视频系列内容创作，包括剧本创意，背景音乐选取，广告创意，协调后期制作； 2. 能抓住公众或媒体的关注点、喜爱偏好的变化，剧本创作前期能对剧本素材和题材进行整体评估、筛选； 3. 能够改写成型的剧本，输出独立原创剧本、会分镜剪辑等； 4. 了解短视频平台，关注流行趋势业内热点，根据市场需求与受众喜好，实时调整改进创意策略
主编	1. 根据节目体系搭建剧本故事的脉络和框架； 2. 协同编剧写故事脚本、视频脚本和动画剧本； 3. 与内外部编剧团队对接，及时交付创作内容； 4. 管理编剧团队，跟进后期制作，把关作品质量和交付时间
总编	1. 负责内容事业部门整体规划、运营及管理，定制策略以及流程优化； 2. 负责常规项目和特殊项目的统筹管理，对各项目和新媒体平台内容选材做方向性的把握； 3. 负责内容运营日常工作管理及总结，优化整体的工作流程以及内容的审核标准； 4. 策划运营活动，协调内部资源与推动执行； 5. 与业内媒体合作，提高知名度及专业度，获取更多外部环境资源
导演	1. 根据节目定位，参与节目内容策划，编写策划方案或脚本； 2. 组织录制与拍摄，精准把握节目创作方向，有效把控现场； 3. 跟进后期制作，督促并协调配合后期工作； 4. 监控制作全过程，保证内容按时、按质、按量顺利完成
摄像	1. 与导演沟通，按导演制定的拍摄方案开展工作； 2. 负责视频类项目的拍摄工作及现场基本调控； 3. 负责节目的策划创作、采访拍摄、编辑制作与播出； 4. 负责摄像的颜色、构图、灯光和镜头处理等的调整，完成高质量画面摄制，完成拍摄后对素材的整理备份； 5. 负责摄像机设备的维护工作，保证机器的正常使用
演员	1. 根据短视频脚本，配合编剧和导演，完成短视频剧情演绎，根据角色需要，能够尽快投入转变，完成短视频制作； 2. 参与公司节目的短视频脚本选题策划
后期	1. 负责节目视频的剪辑、包装等后期工作，同时参与二次创作； 2. 独立完成视频的剪辑、合成、制作，熟练运用镜头语言； 3. 公司视频的素材整理，负责视频的存档及使用管理； 4. 协助完成拍摄
美术设计	1. 参与前期创意策划内容表达、风格和视觉表现，有良好的美术功底和鉴赏能力，平面和色彩感觉良好； 2. 有扎实的美术功底、良好的创意思维和理解能力； 3. 根据导演脚本或分镜完成设计视频创意、执行视频三维动画部分的设计与制作工作； 4. 具有较强的独立制作能力与沟通能力
运营	1. 负责短视频日常内容分发上线，包括视频头图、标题、简介、推荐位及部分内容元数据的日常导入、审核、上线、下线，并提供各品类短视频的内容上线计划表； 2. 负责短视频上线后的数据分析、竞品分析，对内容运营的策略方法适时优化改进； 3. 收集用户反馈、用户互动，根据内容运营效果提供线上线下相关活动建议； 4. 能够根据数据反馈分析不同流量渠道的流量规则，制定对应的流量获取策略

思政园地

抖音安全中心基于《抖音社区自律公约》，发布了《2023年二季度安全治理透明度报告》(以下简称《报告》)。《报告》显示，2023年第二季度，抖音升级并上线了全新的规则中心，同时推出治理公益内容新规等多项规范，严格治理网暴、低俗、不实信息等各类违法违规内容。

《抖音社区自律公约》是用户使用抖音服务的指引性规范和行为准则。《抖音社区自律公约》呼吁广大用户建立平等友爱的社区，尊重其他用户；鼓励原创、优质的内容；提倡记录美好生活，表达真实的自己；重视文字的正确使用；倡导尊重劳动成果、勤俭节约、合理饮食；提高网络安全防范意识；鼓励发布经过科学论证的内容，不造谣、不传谣。

抖音平台将重点治理暴力与犯罪行为、有害信息、侵犯人身权益、违法与不良内容、不实信息、违反公序良俗、违反知识产权保护、侵害未成年人权益、虚假与不诚信行为、危害平台秩序与安全的行为。

项目实施

任务 1.1 认识并体验四大主流短视频平台的不同

通过完成此任务，学生能够对各大主流短视频平台有直观的认识。

步骤 1：完成拓展知识的自学。

步骤 2：分别下载抖音、快手、西瓜视频、微信视频号，浏览其开机页面，记录各大App的差异之处。

步骤 3：在各个平台注册账号，发布一条短视频，记录各项数据，体会各平台的分发机制。

任务 1.2 组建短视频制作团队

通过完成此任务，学生能够加深对短视频岗位的认识，明确本学期的学习目标。

步骤 1：在网络上搜集短视频从业人员岗位职责说明和任职要求。

步骤 2：学生依据个人特色和学习兴趣，自成小组，组建基本建制的短视频团队。小组成员不超过5人。

步骤 3：完成任务后，分小组进行成员亮相。

项目小结

根据本项目的要求，首先要学习短视频的基本理论知识，包括短视频定义、特点、类型、制作流程和未来发展趋势以及常见的主流平台；短视频因其独特的营销优势成为各大品牌的流量入口，因此还需要了解短视频营销优势；短视频人才缺口极大，学生通过学习，要明确从业人员应具备基本的职业素养。

在掌握了这些基础知识后，学生通过注册各大主流短视频平台，亲身体验各平台的机制差异；通过搜集短视频行业岗位的任职条件和岗位职责，学生可明确自身的学习目标和努力方向。

拓展知识

抖音平台的流量叠加推荐机制

抖音的机制包含了叠加推荐、千人千面、新手扶持等，其中最有特色的是叠加推荐这一流量分发模式。

叠加推荐这一流量分发模式就是将优质的短视频，不断放到更大的流量池中，增加它的曝光量，实现优胜劣汰。例如一个短视频在过审后，抖音的算法机制会将其先投放到几十人、上百人的小流量池中，在一定时间后评估其完播率、点赞量、转发量、评论量等数据。若数据达到晋级标准，会将该视频投放到几千人的中流量池中，同样评估这几千个用户对该视频的数据反馈，如果达到晋级标准则投放入上万人的大流量池，如此层层递进就是叠加推荐模式的关键要素。流量池分级如图 1-3 所示。

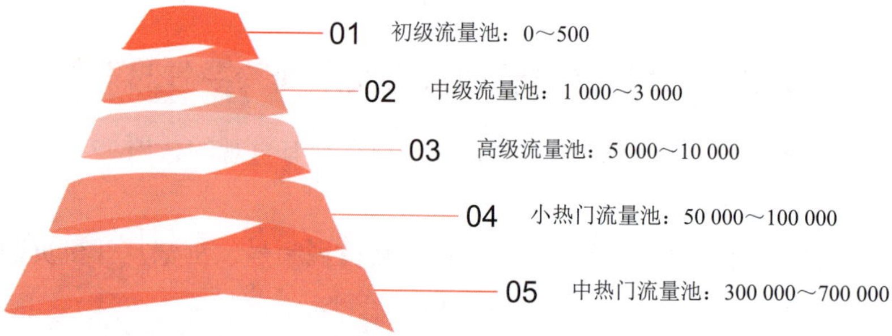

图1-3 流量池分级

此外，不同领域的流量池有不同的数据标准。抖音官方把抖音的用户根据年龄、地域、喜好等标签划分出了各种各样的流量池。目前，抖音常见的三大流量入口有推荐页、关注页和同城页。

推荐页：这是大部分流量的来源。抖音会推荐更多好看的视频给用户，用户刷视频，一般刷的都是推荐页。

关注页：如果用户关注了你的账号，就会在关注页里找到你最新发布的内容。粉丝越多，那么关注页获取的流量就会越大。

同城页：比如用户在成都，那么就可以获得成都本地的流量加持，发布视频可以定位所在位置。

知识巩固

一、单选题

1. 目前日均活跃用户数量最大的短视频平台是（　　）。

A. 抖音　　B. 快手　　C. 西瓜视频　　D. 微信视频号

2. 短视频创作流程包括（　　）个步骤。

A. 3　　B. 4　　C. 5　　D. 6

3. 属于今日头条系的产品是（　　）。

A. 西瓜视频　　B. 快手　　C. B站　　D. 微信视频号

4. 属于去中心化分发机制的产品是（　　）。

A. 快手　　B. 抖音　　C. 西瓜视频　　D. 微信视频号

5.（　　）不在“中视频计划”之列。

A. 西瓜视频　　B. 快手　　C. 哔哩哔哩　　D. 微信视频号

二、填空题

1. ________是指用户自己生成内容，然后上传发布到互联网。

2. OGC是指职业化生产内容，此类用户创作的内容属于________。

3. 视频创作流程包括________、短视频拍摄、短视频剪辑、短视频发布和________五个步骤。

4. “根据数据反馈分析不同流量渠道的流量规则，制定对应的流量获取策略”是________的主要职责。

5. 抖音最有特色的流量分发模式是________。

三、简答题

1. 简述短视频的特点。

2. 结合实际案例，分析短视频营销的优势。

拓展任务

以小组为单位，共同搜集资料、整合信息，对目前短视频平台进行对比分析，填写短视频平台分析表，详情见表1-3。

表1-3 短视频平台分析表

短视频平台	平台定位（含口号）	内容类型	分发机制	平台优势
抖音				
快手				
西瓜视频				
微信视频号				

项目测评

学习成果达成与测评

<table>
<tr><td>学号</td><td></td><td>姓名</td><td></td><td>项目序号</td><td></td><td>项目名称</td><td>短视频基础认知</td><td>学时</td><td>4</td><td>学分</td><td>0.2</td></tr>
<tr><td>职业技能等级</td><td colspan="2">中级</td><td colspan="3">职业能力</td><td colspan="4"></td><td>子任务数</td><td>3个</td></tr>
<tr><td>序号</td><td colspan="3">评价内容</td><td colspan="7">评价标准</td><td>分数</td></tr>
<tr><td>1</td><td colspan="3">短视频的基础知识</td><td colspan="7">能够掌握短视频的特点、类型和制作流程</td><td></td></tr>
<tr><td>2</td><td colspan="3">短视频营销优势</td><td colspan="7">能够熟悉常见主流平台短视频的营销优势</td><td></td></tr>
<tr><td>3</td><td colspan="3">短视频从业人员素养</td><td colspan="7">能够明确短视频不同岗位的要求，并组建短视频创作团队</td><td></td></tr>
<tr><td rowspan="2">考核评价</td><td colspan="10">项目整体分数（每项评价内容分值为1分）</td><td></td></tr>
<tr><td colspan="11">指导教师评语</td></tr>
<tr><td>备注</td><td colspan="11">奖励：
1. 按照完成质量给予1～10分奖励，额外加分不超过5分。
2. 每超额完成1个任务，额外加分3分。
3. 巩固提升任务完成优秀，额外加分2分。
惩罚：
1. 完成任务超过规定时间扣2分。
2. 完成任务有缺项每项扣2分。
3. 任务实施报告编写歪曲事实，个人杜撰或有抄袭内容不予评分。</td></tr>
</table>

学习成果实施报告书

<table>
<tr><td>题目</td><td colspan="5"></td></tr>
<tr><td>班级</td><td></td><td>姓名</td><td></td><td>学号</td><td></td></tr>
<tr><td colspan="6">任务实施报告</td></tr>
<tr><td colspan="6">请简要记述学习过程中完成的各项任务，描述任务规划以及实施过程，遇到的重难点以及解决过程，总结不同短视频平台的特点、优势等。</td></tr>
<tr><td colspan="6">考核评价（按10分制）</td></tr>
<tr><td colspan="3" rowspan="2">教师评语：</td><td>态度分数</td><td colspan="2"></td></tr>
<tr><td>工作量分数</td><td colspan="2"></td></tr>
<tr><td colspan="6">考评规则</td></tr>
<tr><td colspan="6">工作量考核标准：
1. 任务完成及时。
2. 操作规范。
3. 实施报告书内容真实可靠，条理清晰，文本流畅，逻辑性强。
4. 没有完成工作量，扣1分，故意抄袭实施报告扣5分。</td></tr>
</table>

项目2 短视频内容策划

学习目标

【知识目标】

◎了解短视频的用户定位；

◎熟悉短视频的呈现形式；

◎掌握短视频的选题策划方法；

◎掌握制作短视频的方法。

【能力目标】

◎明确不同平台的短视频投放规则，能够根据平台差异性投放不同类型的短视频；

◎激发短视频创意，掌握短视频脚本的撰写方法。

【素质目标】

◎培养坚持不懈的学习品质；

◎培养团结协作的品质，能够与团队成员协作设计好短视频的内容。

项目概述

【情境描述】

晓慕通过对短视频相关知识的梳理，已经初步了解了短视频的类型特点以及制作流程等。但是要想真正生产出合格的短视频，还需要遵循“内容为王”的原则，从短视频的内容策划层面下手。

【场景案例】

创意虽好，但内容为王

不少短视频运营者在做内容策划时，常常过于关注创意，却在关注创意的同时忽视了受众群体，甚至脱离了用户和粉丝。当然，有创意的选题也是必不可少的。例如，在短视频平台上做得好的短视频账号，他们的成功都有一个共同的特性就是有创意。但是他们的成功毕竟是少数，对于绝大部分的短视频运营者来说，过度关注创意有一个很明显的风险就是用户可能并不买账。即便是一个奇思妙想，如果内容方向太狭窄或太小众，只能覆盖到小部分人，也极大地缩小了发展空间。所以，要想短视频能够被更多的用户点击观看，那么内容方向就要满足覆盖面广的特点。在开团队策划会时，应将重点放在：这个选题能不能做？能不能引起大部分用户的共鸣？会不会有人想看这个短视频等。

【课堂讨论】

查阅相关资料，探讨短视频应该如何在内容上下功夫。

知识准备

在短视频运营中很难绕开一个问题，就是如何做内容策划？从某种程度上说，内容策划能决定一条短视频70%以上的成败，因为内容策划是创作的发端，如果内容策划失败，那么后面的脚本、拍摄、后期都无从谈起，说得更严重点就是做无用功。如果前期做好选题的框架和内容规划，不仅可以保障有源源不断的短视频输出，提升用户和粉丝的黏性，而且更容易出精品内容和爆款短视频，吸引到更多精准的用户和粉丝。本章节主要对短视频内容策划的用户定位、选题策划、内容创意方法等方面做一个梳理。

2.1 用户定位

不少短视频运营者在进行用户定位时，常常会陷入两种误区。一是定位过于宽泛，将所有的用户都定位成自己的目标用户，导致运营效果差，也大量浪费了推广资源。另一种情况则相反，定位过于狭窄，从一开始就选中了目标人群中的核心用户，却排除了一般用户、潜在用户和非用户，导致用户群体太过狭窄，最终的结果是即便达到了传播和运营的目的，但是也大大缩小了发展空间。短视频运营者并不能设想所有的短视频用户都能成为自己的用户，如果将试图满足所有用户当作自己定位的基础，最终可能一无所获。所以，从用户定位的角度看，短视频运营者要筛选出自己的目标人群，进而精准地将自己的短视频和产品投放给这部分人群。

2.1.1 用户调研

1. 用户调研的含义

用户调研，指通过各种方式得到受访者的建议和意见，并对此进行汇总，研究事务的总特征。用户调研的目的在于为生产提供相关数据基础。

2. 用户调研的步骤

（1）确定调研问题或内容：调研最大价值不是直接帮助决策者去做决策，而是帮助他把一个大问题拆成可量化、可执行的小问题。问题是决策的一部分，描述问题的精准度很大程度上影响了决策质量。这里，要求用户调研透彻地理解需求方所需要了解的问题，厘清调研问题，并落地拆解成可以量化或者可以执行的小问题，以便获取更为精确的结果，也免得调研白费工夫。

（2）制订调研计划：这个阶段要求制订一个收集所需信息的有效的计划，包括调研用户的来源、调研方式、调研工具、抽样计划、接触方法、参与调研的角色等。

（3）收集信息：数据收集阶段是最容易出错的阶段，因此收集信息的准确性就很关键。这个环节，由于可能遇到的用户和场景与预设不同，故随机应变也非常重要。

（4）分析信息：这个步骤需要从数据中提炼恰当的调研结果，最好列成表格，得出频率分布，尤其需要对主要变量计算平均数和衡量离散趋势。另外，可从营销分析系统中，采用一些先进的统计技术和决策模型，以找到更多的调研结果。

（5）展示调研结果：将调研结果进行总结提炼并辅以数据，进行简洁或者可视化的呈现。

（6）制订决策：基于用户调研的结果和需求方的调研出发点，给出恰如其分的解决方案或者试点方向，以便得到产品发展方向或优化方向。

2.1.2 构建用户画像

1. 用户信息数据分类

很多人认为数据分析只是在产品开发、推广及迭代时才需要用到，其实对于用户运营来说，用户的数据整理工作是每一天都要做的。在用户运营的日常数据整理工作中，需要关注以下指标。

（1）新增用户、活跃用户、启动次数

这三个数据是运营人员关键绩效指标的主要评估标准。运营人员每天都要整理收集这些数据，来了解产品每天的用户拓展情况是否符合预期。

（2）留存用户、留存率、流失用户

除了要关注用户的数量，还要关注用户的质量。留存用户和留存率就是判断一个产品用户质量的重要指标。用户留存率越高，说明产品越能够满足用户需求。

运营人员应每天进行留存率的整理，然后总结出留存率在一段时间内的增减情况。同时，通过对比来分析不同版本和渠道对于用户质量的影响，并以此来选择推广渠道，优化产品。

用户流失情况也是用户运营中需要极其重视的部分。由于产品的类型不同，企业对于流失用户的界定标准也不同。例如，新闻和微博这类用户，如果用户超过1个月没有使用，就可以将其认定为流失用户；而对于淘宝、京东这类网商产品而言，如果用户超过了6个月没有使用或者半年内没有任何消费记录，就可以将其认定为流失用户。根据用户的流失情况可以分析出用户流失的原因，针对产品所处的时期采取措施尽量召回用户。

（3）用户行为指标：自定义事件、漏斗模型、页面访问路径

自定义事件是运营人员为了收集到某些特定的数据而设定的。例如，清空或结算购物车的行为、推荐产品的点击情况等都可以被认定为自定义事件。通过分析这些自定义事件的数据，企业可以获得一些特定的信息，以此来完善产品功能，满足用户潜在需求。

漏斗模型是指一系列自定义事件按照漏斗顺序依次触发的流程，是一个量化转化的过程。企业可以通过漏斗模型来分析关键路径的数据，从而掌握用户使用产品的关键行为信息。

页面访问路径是指用户访问页面时的流程顺序。企业不仅要知道访问页面的顺序，还要知道各页面之间的转化率和使用情况，整理这些数据能够帮助运营人员了解访问页面的

顺序以及各个页面之间的跳转是否存在问题，同时了解访问页面的流程中的某些要素是否可以有效地被用户触发等。

（4）其他指标

在日常运营中，运营人员除了要关注以上主要指标外，还有一些其他指标同样需要关注，如使用频率、地域、目标用户画像，甚至崩溃率等。这些数据可以帮助我们更全面地了解用户的使用行为、产品的迭代，还可以让我们针对不同的目标用户群，采取不同的运营措施。

2. 获取用户信息数据

收集到优质的数据，才能保证数据分析的科学精准。数据收集离不开专业的数据分析工具，例如，“友盟+”数据分析工具、百度统计等。另外为了获得更具有针对性的数据，还要做好数据的埋点统计。

3. 构建用户画像

用户画像（user profile）是大数据时代用户运营的基础。借助大数据技术，企业能够更加精确地分析用户行为，描绘用户画像，从而促进产品与用户间的智能匹配，最终促进产品的运营，提高用户运营的质量，提升企业的运营效果。

在具体的运营过程中，运营人员要通过网络收集与分析用户的各种自然属性和社会属性，以及相关的消费习惯等重要的行为数据，然后把这些数据标签化构建出用户的全貌。只有这样，才可能更加精确地分析用户行为，提高产品和用户的匹配度，最终提升用户运营的效果，促进产品盈利。

用户划分讲究方法和技巧，可以从以下四个角度进行用户划分，分别是区域、年龄、消费能力和需求。

（1）区域

不同的区域，生活习俗、语言风格及经济水平都不一样。根据地理方位，我国一般分为七大地理区：东北、华北、华中、华东、华南、西南和西北。另外，区域也可以按照城市、乡镇、农村的级别进行划分。其中城市又可以划分为一线城市、二三线城市等。城市和农村之间的经济水平存在较大差异，特别是两者之间的消费观念与消费能力有着明显的不同。

（2）年龄

借助年龄层次的差异，可以快速对用户进行划分。年龄不同，需求也就不同。以对背景音乐的需求为例，不同年龄层次的人喜欢听的音乐都是不一样的，具体表现在对于音乐的类型选择各不相同。因此，在制作短视频时，一定要综合考虑用户的年龄特征。

（3）消费能力

消费能力通常与收入能力密切相关。高消费人群使用的产品大都是比较高端的付费产品。他们比较追求产品的品质、档次等，他们的消费观念一般比较前卫，消费能力也比较强。低收入人群，一般青睐物美价廉的产品。

（4）需求

心理学上有一条著名的马斯洛需求层次理论。马斯洛把人的需求划分为五个层次，分别是生理需要、安全需要、社会需要、尊重需要和自我实现需要。在进行用户分析时，也可以根据这五个层次对用户的选择心理进行划分。

2.1.3 常用的第三方数据分析工具

大数据时代，非常注重对海量数据的优化处理和分析。优秀的第三方数据分析工具，可以帮助用户运营人员高效地进行日常工作的处理。目前，常用的第三方数据分析工具有六种，分别是“友盟＋”数据分析工具、ASO100、百度统计、百度指数、社群空间与Group+（孤鹿）。

1. 友盟＋

功能：统计分析、运营组件和服务、数据解决方案。

“友盟＋”是2016年初由三家数据分析公司合并成立的新公司，是中国专业的全域数据服务平台之一，旨在为移动开发者和创业者提供最全面的数据化解决方案，包括数据统计分析、统计工具、部分运营组件、用户反馈、消息推送等。

我国移动应用的推广渠道越来越多，如应用商城、手机厂商预装、社交推广等。而“友盟＋”可以对各种推广渠道进行评估，包括获取用户的数量和质量。这样可以方便我们选择推广渠道，制订正确的运营战略。

2. ASO100

功能：App实时排名、ASO分析、评论追踪。

ASO100是一个针对苹果操作系统的数据分析平台。这一平台可以准确详细地查询到各类App在苹果应用南店总榜内的排名情况。同时，借助关键字模拟分析与应用商店优化分析，ASO100能够帮助企业改进应用，也有助于企业开发新应用。同时，运营人员可以通过它清楚地了解自身产品和行业内其他同类产品在市场中的推广情况。

3. 百度统计

功能：网站统计、流量分析、转化分析。

百度统计是一款网站流量分析工具，运营人员可以通过百度统计知道“访客是如何找到并浏览用户网站的，在网站上做了些什么”。了解了这些信息，运营人员就可以对网站做出改进，优化用户使用体验，更加有效地获取收入。

百度统计上有各种各样的图形化报告，能够帮助运营人员全面分析用户的行为。除此之外，百度统计拥有自己的百度推广数据服务，能够帮助运营人员了解自己的网站在百度上的推广效果，从而改进推广方式和策略。百度统计的功能是多元的，例如，访客分析、流量分析、网站分析、趋势分析等。目前，百度统计最常见的一个使用方法就是在百度统计中添加一个正确的代码，这样就可以从百度统计上清晰地了解自己网站的独立访客和详尽的流量报告，如流量来源、点击情况和流量地域细分等。

4. 百度指数

功能：搜索指数、需求图谱、舆情洞察。

随着互联网的发展，我们早已进入了数据时代。百度指数是国内较大的数据统计分享平台。它以百度众多用户的行为数据为依托，上线之后便成为很多企业使用的第三方数据分析平台，帮助众多企业实现更好的用户运营。

通过百度指数我们可以知道：某个关键词在百度的搜索规模有多大，一段时间内的涨跌态势及相关的新闻舆论变化，关注这些词的网民是什么样的、分布在哪里，同时还搜了哪些相关的词等。总之，百度指数能够有效帮助运营人员捕捉热点信息，综合了解用户行为及特征，最终能够帮助企业改进产品，满足用户需求。

5. 社群空间

功能：社群签到、社群公告、社群数据分析。

社群空间是基于微信的第三方服务工具，即社群空间是应用在微信群里的，用户在微信群里的一切行为都能成为一项数据。社群空间拥有群签到、群游戏、群数据分析等功能，有助于运营人员更好地实现数据化的社群管理。运营人员能够通过社群空间及时了解微信群里的人员变动及群内成员的活跃度。

活跃度=（群成员发言人数+群内成员访问社群空间人数-两者重复的人数）/群成员总数。

6. 工具六：Group+（孤鹿）

功能：发布活动、票务管理、数据分析和展示。

Group+（孤鹿）于2015年6月上线，是一款社群化运营工具，应用场景众多，例如，问卷、众筹、打赏及影响力排行榜等。借助Group+，企业能够高效快捷地进行社群运营。

以上是运营人员常用的第三方数据分析工具。其实市场上每个层级的产品都还有很多对应的数据分析工具，比如做电商的有阿里巴巴价格指数、淘宝魔方、艾瑞数据、数据007等；做金融的有世界网贷之家、融360、网贷天眼等；做视频的有优酷指数、豆瓣电影榜单、微票儿票房分析等。

2.2 短视频的呈现形式定位

你目前运营的短视频账号的主要表现形式是什么？是单一的表现形式还是多种表现形式的混合？现在的短视频形式真的适合你的短视频账号吗？以上问题是我们刚开始接触短视频运营时需要思考的问题，不同定位风格的短视频账号，表现形式也不尽相同。适合的短视频表现形式，不仅能使账号整体风格和谐统一，而且能为受众留下记忆点。因此我们更需要找到适合的表现形式，来实现短视频账号的优化改进。想要找到最适合自己短视频账号的表现形式，首先我们得先知道都有哪些常见的呈现形式。

2.2.1 图文形式

很多人都说图文视频是抖音留给普通人最后的风口，因为这种形式制作简易上手，还拥有百亿流量支持。图文形式分为单纯的图片视频和配音加故事形式。单纯的图片形式是将单张或多张图片合成一个视频，图片中涵盖信息量较多，适合干货知识分享、系列好剧推荐、好物推荐等。以图2-1为例，博主事前就故事脉络录音形成讲解配音，然后在制作过程中将配音和每一故事情节图片搭配，这种形式就是讲解配音加故事形式。图文形式制作简单，而且时长较短，普遍适合新手。

图2-1　讲解配音加故事形式

2.2.2　模仿形式

模仿形式是指可以在网上搜索热门视频，然后用其他形式展示出来，并不是别人在这里拍什么你就拍什么。比方原本是以图文形式呈现，那么你可以换形式（如情景剧）表现出来。在抖音上可以看到很多类似内容的作品，这是模仿的形式。最重要的一点是，要有自己的创新特点。如果不能打造个人品牌，后期将较难运营。

2.2.3　解说形式

这种形式多见于游戏、电影解说等。快节奏、微叙述、不思考的模式迎合了现当代网民的快餐文化心理，由此引发的融媒时代“电影解说”视频红利吸引了一大批创作者，他们纷纷开始在各平台创作“电影解说”短视频，并且将解说内容逐渐扩展至电视剧范畴。

在电影解说过程中，有不少解说者采用了给影片中人物打标签或者起代号的方式，方便观众快速代入。比如电影中最重要的人物，他们通常会称为男主角或女主角，其他人物则依次列为男二、女二……又或者根据人物的定位和角色功能来确定代号，比如说好人、反派（坏人）、帮凶、邪恶势力等等，这种具有明确指向性的标签化指代为解说的顺利进行奠定了基础，也构成观众对人物角色的总体印象。

2.2.4　情景剧形式

情景剧形式的短视频是通过视频中人物的表演把中心思想传达给用户，其成本相对较高。因为剧情会对主题和情节有着较高的要求，所以短视频创作者要提前准备文字脚本。这种形式的短视频在拍摄时，通常要由两个以上的人来表演，并且要反复拍很多次，后期制作也比其他短视频形式复杂得多。不过，这种形式的短视频往往对用户的吸引力比较大，短视频的情节和结果如果能够让用户产生情感共鸣，“吸粉”效果会很强。

2.2.5　知识分享形式

时下知识分享类短视频数量多、跨度广，有语言、乐器、健身等内容，也有解说文献著作及影视剧等深度创作的内容，还有分享生活妙招技能的内容等，古今中外、天文地理，阳春白雪、下里巴人，应有尽有。让此类知识分享型的创作向阳而生、发挥积极作用，是我们的共同期待，也是短视频平台及直播领域未来细分深化发展的价值追求。

2.2.6　vlog 形式

vlog（video blog），又称视频网络日志，是创作者以影像代替文字或图片，创作个人日志，并上传到短视频平台进行分享。这种形式的短视频重在记录生活，但不能拍成流水账，一定要有主题，主次分明，突出重点，并注意拍摄效果。视频博客的拍摄要注重脚本思维，创作者要提前构思好重要的镜头，做好开场和转场，在后期剪辑时一定要保证叙事流畅。

2.3　短视频的选题策划

在当今数字时代，短视频已经成为一种非常受欢迎的媒体形式，无论是在社交媒体平台上还是在视频分享网站上，人们都喜欢观看短视频来获取信息、娱乐或者分享自己的生活。如何做好短视频？选题策划是最重要的一步。选题策划是短视频创作的起点，它决定了视频的主题和内容方向。一个好的选题能够吸引观众的注意力，引发共鸣，从而提高视频的观看量和互动率。它不仅能够提升视频的质量和传播效果，还能够帮助创作者建立起稳定的粉丝群体，实现账号的长期运营和发展。

2.3.1　选题策划的五个维度

1. 人物

人物主要涉及以下信息：拍摄的主角是什么样的人？他/她的基本属性是什么？

短视频创作者可以把人物按照年龄或身份进行划分，如果目标用户群体是年轻女性，那么短视频的内容就要触发年轻女性的共鸣，短视频中的主角最好也是一名年轻女性。

短视频创作者还可以按照职业或场景对人物进行划分，如大学生、职场人士、创业者等，或者按照兴趣对人物进行划分，如旅行、健身、唱歌等。短视频创作者把人物按照不同的维度划分后，要根据人物属性来确定合适的选题。

2. 工具和设备

确定好人物维度后，短视频创作者要根据确定的人物角色选择合适的工具和设备，例如，职场人士在平时工作中常用到的工具和设备有办公软件、职场类App、计算机等；喜欢健身的人一般会用到跑步机、运动手环、体脂秤、瑜伽垫等；爱好旅游的人一般会用到旅游攻略、太阳镜、泳衣、行李箱、防晒用品等。

3．精神食粮

精神食粮主要包括书籍、电影、音乐、讲座、展览、微课、学习培训等。短视频创作者要分析目标用户喜欢什么书籍、电影或音乐，会参加什么培训等，分析透彻之后才能了解其需求，从而有针对性地制作出符合其需求的短视频。

4．方式方法

方式方法是指与短视频中的主角、目标用户身份相关的方法，如瘦身方法、育儿方法、职场技能提升方法、时间管理方法、旅游旺季如何规避拥堵的方法、提升阅读效率的方法等。

例如，如果短视频中的主角是一位职场女性，她在工作时会运用哪些方式和方法来提升工作效率；在办公室里与同事交流时，她会怎么沟通；与客户洽谈时，她会怎样占据有利地位等。

5．环境

由于短视频的剧情不同，环境也会相应地发生变化。环境可以分为拍摄时间（白天或黑夜）和拍摄地点（学校、餐厅、办公室、广场等），短视频创作者按照人物设定就可以联想到具体的活动环境。

当把策划选题的五个维度都梳理完以后，就可以制作选题树了。选题树的层级越多，拍摄的思路就越丰富。

2.3.2 选题策划的基本原则

1．要贴地

选题内容要坚持用户导向，以用户粉丝需求为前提，不能脱离用户粉丝，想要有好的播放量，就应该首先考虑到用户粉丝的喜好和痛点需求，往往越是贴近用户粉丝的内容越能够得到他们的认可，视频的完播率越高。

2．有价值

选题内容要以输出有价值、内容有干货为目标，输出的内容对用户粉丝有价值，满足用户粉丝的需求，解决用户粉丝的痛点，才能使用户粉丝有传播的欲望，触发点赞、评论、转发等用户行为，从而达到内容的裂变传播。

3．要匹配

选题内容要和我们的定位有关联、有匹配，有垂直度，以提升我们在专业领域的影响力，更高的塑造IP，这样才能精准地吸引到用户粉丝，同时提高用户粉丝的持续跟随和黏性。

2.3.3 挖掘热门选题的方法

不管短视频的选题是什么，其内容都要遵循一定的原则，并以此为宗旨，落实到短视频的创作中。

1．以用户为中心

目前，短视频行业的竞争愈发激烈，用户对短视频的要求也越来越高，因此短视频创作者一定要注重用户体验，以用户为中心，短视频的内容切不可脱离用户的需求。也就是说，短视频创作者在策划选题时，要优先考虑用户的喜好和需求，这样才能最大限度地获得用户的认可，并保证短视频的高播放量。

2. 保证价值输出

短视频的内容一定要有价值，要向用户输出“干货”。选题要有新鲜的创意，从而激发用户产生收藏、点赞、评论和转发等行为，促进短视频的裂变传播。

3. 保证内容垂直度

在确定某一内容领域之后，就不要再轻易更换，否则会由于短视频账号的垂直度不够而导致用户不精准。因此，短视频创作者要在某一领域长期输出有价值的内容，提高自己在该领域的影响力，这样更容易获得短视频平台的“头部流量”。

4. 选题内容与运营相结合

做好选题并非意味着短视频一定会成为爆款，很多短视频创作者创作出来的短视频虽然画面精美、内容优质，但点击量很少，给其造成了不少的打击，其原因可能只是因为标题不合适。短视频的内容与标题的匹配度越高，就越容易被平台推荐，从而吸引用户点击观看。

另外，最好不要等到发布视频的时候再构思标题，而应在选题策划时就把标题想好，起码要有一个大致的标题选题思路。这样一来，短视频创作者在确定选题之后可以迅速让短视频标题跟进热点，帮助运营人员在后续工作中向热点贴近。

5. 选题内容多结合行业或网络热点

短视频创作者要提升新闻敏感度，善于捕捉并及时跟进热点，这样制作出来的短视频就可以在短时间内获得大量的流量曝光，快速增加短视频的播放量，吸引用户关注。但是，并非所有的热点都可以跟进，如时政、娱乐、军事等领域，如果跟进不恰当的热点，就有违规甚至被封号的风险。因此，短视频创作者要尽量避开这些领域的内容。

6. 远离平台的敏感词汇

当前，有关部门正在加强对短视频平台的管理，不断出台相关法律法规文件，而且每个短视频平台也有相关规定，因此短视频创作者要时常关注政策导向和平台出台的相关管理规范，以免因为触发敏感词汇而导致违规。

短视频创作者可以参考各种推荐渠道，从中找到标题的关键词，或者使用短视频数据平台中的热词分析功能来确定标题。利用这个功能可以查看标题关键词的热度，短视频创作者可以通过关键词的热度来推断短视频的播放量。

7. 增强互动性

因为短视频中的内容要以用户需求为导向，所以短视频创作者一定要围绕用户来构架内容，其中很重要的一点就是互动性，而且互动性能够很明显地影响短视频的推荐量。

增强短视频互动性的方法主要有以下几种。

（1）选择互动性强的话题，如旧物利用、健身减肥等，用户普遍关注的热门话题往往会引发热烈讨论。

（2）有意识地引导用户。短视频创作者可以有意识地在短视频中加入一两句互动的话语，如“大家在相亲时遇到过哪些尴尬事？欢迎大家在评论区留言互动！”。

（3）引发用户“吐槽”。短视频中可以出现一些常见的“梗”，引发用户的集体“吐槽”，这样也能吸引用户互动评论。

2.3.4 切入选题的方法

确定选题之后，短视频创作者可能会发现该选题与很多竞争账号的内容相似。对于相似的选题，短视频创作者要选择不一样的切入点，以避免内容同质化，这样才能有机会制造话题爆点，超越竞争对手。

这是因为用户都有“喜新厌旧”的心理，某一类型的短视频可能一开始由于形式新颖受到用户的喜爱，但用户看多了以后就会产生审美疲劳，如果这个时候突然有与众不同且十分优质的内容出现在用户面前，用户肯定会觉得耳目一新。

因此，在确定选题之后，短视频创作者要设想竞争对手会怎么做，尤其是一些大家都想“蹭热点”的话题。当对竞争对手的观察足够细致和深入时，就会对其经常采用的短视频形式了如指掌，这时就要寻找到与竞争对手不同的切入点，从中找出最佳方案。

短视频创作者在切入选题时，要注意以下三点。

1．有效整合各种物质要素

短视频创作者做短视频少不了资源方面的支持，如物力、财力、人力等物质要素，有效地整合这些物质要素，可以为短视频的创作提供极大的便利，否则就会举步维艰。例如，某个人擅长演奏钢琴，有大量大型演出的经验，短视频创作者就可以将这些资源整合起来，开设一个教大家演奏钢琴类账号。

2．以兴趣为支撑

“兴趣是最好的老师”，如果短视频创作者对某一领域有着浓厚的兴趣和饱满的热情，那么就可以支撑其在某个方向深耕，持续产出优质内容，深化内容的垂直性。不过，兴趣和专业不同，如果只有兴趣，但没有专业能力，也无法保证短视频创作者持续地创作出优质的短视频。因此，要想判断自己是否可以在选择的领域内深耕下去，短视频创作者要先对比同行业的头部账号，分析其短视频内容的深度和价值属性，判断凭借自己的兴趣是否能够稳定而持续地产出优质短视频。

3．及时调整选题

短视频创作者在刚开始做短视频时，可能会有一段试错的路要走。一般来说，短视频创作者要先持续发布作品10天以上，并密切关注数据变化，以此来做预估和调整，然后判断是按照既定的选题做下去，还是调整选题方向或者内容形式。

在试错的过程中，短视频创作者要衡量短视频制作成本与短视频播放量、账户粉丝量的对比情况，从而把握账号的走向和市场情况，最后做出是否调整选题的决定。

2.4 打造高质量的短视频

要想让短视频成为爆款，一鸣惊人，其内容必定是高质量的。现在是“内容为王”的时代，高质量的内容是短视频取胜的决定性因素。高质量的短视频内容一般有四个特点：内容深度垂直细分，坚持内容的原创性，保证内容的价值性，内容触动用户的痛点。

2.4.1 内容深度垂直细分，细节为王

如今短视频已经从之前的“野蛮生长”走向了“精耕细作”的时代，用户更愿意为专业化、垂直化的内容买单，这就要求短视频制作团队确立垂直深耕的创业战略，关注产品形态，专注于某一领域的持续深耕，为用户提供深度的信息吸收场景。

深度垂直细分的短视频具有以下优势。

1. 收获更多的精准用户

当前，用户越来越重视群体归属感和情感认同，其消费也逐渐分化成诸多“小圈子”，从这个角度看，垂直深耕的短视频更容易收获精准用户，满足用户的专业知识需求、兴趣需求或消费升级需求等个性化需求。

2. 具有长尾效应

长尾效应是指那些原来不受到重视的、销量小但种类多的产品或服务由于总量巨大，累积起来的总收益超过主流产品的现象。在互联网领域，长尾效应尤为显著。短视频创作者要找准垂直领域，细分用户群体，抓住利己市场，这样才能做到长线发展。

3. 运营能力强

优秀的垂直领域创作者可以专心做出优质的内容，给用户以专业的形象，然后借助既有平台，获取商业利益。很多垂直领域的创作者尽管没有庞大的粉丝基础，但他们可以结合社群进行运营，创造出惊人的业绩。

在短视频内容上，深度垂直细分的方法主要有以下三种。

1. 确定核心目标人群

确定核心目标人群是做垂直细分领域最常见的方法，短视频创作者要创作出可以直击目标人群痛点的内容，然后通过符合其特质的内容来增加目标人群的黏性。

2. 聚焦主题场景

短视频创作者可以深度挖掘短视频的主题场景，在内容表达上突出场景化，契合该主题场景下的用户特征。

3. 打造生活方式

要想增加用户的黏性，短视频创作者除了确定核心目标人群和聚焦主题场景之外，还要为用户打造一种理想的生活方式，并将产品嵌入其中，这样，用户在追随该生活方式时，与该生活方式相契合的产品自然也会被用户接受。

2.4.2 坚持内容的原创性，挖掘新意

现在用户喜好的内容多种多样，导致短视频的爆点很难被预测，任何短视频创作者都无法确定自己创作的短视频是否能够成为爆款。但是，短视频创作者都有一个共识，那就是要坚持内容的原创性，因为只有原创内容才有未来。

原创内容要符合以下三点要求。

1. 具有个性

很多短视频创作者会觉得做原创内容费时费力，成本太高，不如转载已有的爆款短视频轻松，但别人的短视频无法体现出自身的创意和个性，不具备辨识度，所以也就难以成

为爆款。

2．有情、有趣、有热点

原创内容要能让用户产生强烈的情感共鸣，趣味性强，使用户愿意分享、转发与评论。同时，短视频创作者要让产品、内容与热点产生关联，也就是通常所说的“蹭热点”。在寻找热点话题时，短视频创作者可以参考微博热搜、百度热榜、抖音热点榜等。

特别需要注意的是，短视频创作者在“蹭热点”时要控制好情感分寸，避免语言过激。同时，要让用户感受到短视频中的内容是专门为他们而做的，让他们觉得自己受到了足够的尊重与认同。

3．抓住“黄金前三秒”

“黄金前三秒”是指视频开始的前三秒就一定要吸引用户的眼球。在生活中，人际交往非常注重“第一印象”，因为“第一印象”往往决定了彼此之间后续往来的基本印象，成为决定第二次乃至以后交往的依据。其实原创短视频也是如此，要想获得用户的关注和认同，短视频创作者就必须在短视频的前三秒内将自己的观点鲜明地表达出来，将其烙印在用户的心智中。

2.4.3 保证内容的价值性，传递价值

随着短视频的持续爆发，用户的品位越来越高，因此优质内容才是吸引用户的核心因素。优质内容注重解决用户需求，其中最关键的一点就是其价值性。用户只会关注对自身有价值的短视频，一般不会将时间浪费在毫无价值的短视频上。

因此，要想让短视频成为爆款，就必须彰显出自身的价值。

短视频的价值性主要体现在以下几个方面。

1．为用户提供知识

每个人都有求知欲，人们需要不断地在生活和工作中汲取新知识，学习新方法，丰富自身的知识储备，提升专业技能水平。因此，当短视频可以为用户提供知识技能时，必然会得到其认可，甚至成为用户生活和工作中不可或缺的一部分。

短视频提供的知识要符合以下要求。

（1）实用。用户学习知识是为了应用，如果短视频中讲述的知识华而不实，对用户的生活和工作帮助不大，那么在用户眼中也就没有多大价值。

（2）专业。知识型的短视频账号会被用户贴上“知识专家”的标签，因此短视频所展示的内容要有一定的专业性和深度，如果只是“蜻蜓点水”，就不会给用户留下深刻的印象。

（3）易懂。知识固然要体现专业性，但也不能晦涩难懂，要将专业性比较强的内容深入浅出地讲解透彻，使用户一看就能理解；如果是技能类知识，那么操作步骤和操作方法要讲得清晰明了，使用户可以轻松上手。

例如，某短视频账号致力于知识的可视化，将大量与生活相关的知识以趣味性的漫画进行生动讲解，让用户在短短十几秒内就可以了解生活知识，正如其抖音简介中所说“稀奇古怪，饶富趣味，身边的真相帝，生活的杂学家！”

2. 为用户提供娱乐

现在人们的生活节奏越来越快，所承受的压力也越来越大，所以对心理减压内容的需求非常大，而娱乐性的内容正好可以满足用户的这类需求。

娱乐性已经成为现代传媒的本质属性之一，以娱乐形式展现的短视频内容可以带给用户趣味性的、放松的、愉悦的感官享受。很多头部账号在本质上都具有娱乐性，不管是“段子”类的短视频，还是知识类的短视频，都可以以娱乐的形式呈现内容，直抵用户的内心，触动其心灵。

3. 为用户提升生活质量

人们会在生活中会遇到很多问题，如脸上长了很多痘痘、衣服上的污渍去不掉、衣服上静电太多等，如果不解决这些问题，其生活质量就会受到影响。如果短视频中的内容可以针对这些问题提出合理的解决方案，帮助用户解决难题，提升其生活品质，就会被用户认为很有价值，从而获得大量点赞和转发推荐。

4. 激发用户的积极情感

情感性是影响用户选择短视频内容的关键因素之一，在用户感兴趣的短视频类型中，带有感动、搞笑、励志、震撼、治愈、解压等因素的内容都具备情感性，这些内容是用户内心的折射和情感的体现，可以激发用户的积极情感。

2.4.4 持续内容稳定输出，有效传播

持续内容，也就意味着账号的短视频发布频率要尽量稳定，对于短视频账号来说，用户黏性的培养是有一定难度的，而发布频率是影响用户黏性非常重要的因素之一，要想保证持续稳定的内容输出，主要应该做到以下几点。

1. 深度

深度是指用户的本质需求，具有延展性，例如，某些美食类短视频账号，用户最初在观看视频时，本质的需求是满足好奇心，想看看博主到底能吃多少美食。但是随着时间的不断推移，这种单一的内容类型已经无法满足用户的好奇心，该账号为了让用户持续关注下去，就必须进一步扩展用户需求，分析隐藏在用户心中的潜在需求。

大部分的人都爱吃，但受到地域的限制，很多人吃的食品样式比较单调，而该账号的创作者到各地去探店，或者探索更多美食的吃法和做法，为用户带来了不一样的美食体验，解决了大多数人“想吃又不知道吃什么”的问题，因此获得用户的支持和持续关注就不再是问题。

2. 细度

细度指的是对于短视频内容的细分程度，具体体现为以下几个步骤：一是对垂直领域进行一级细分，比如将音乐细分为作词、作曲、编曲、演唱等等；之后在上一步的基础上再做细分，比如将作曲细分为作曲人的介绍、作曲技巧以及作曲理论等；接下来再确定目标人群，如关注作曲的是歌手、音乐学生还是对作曲有兴趣的用户；最后一步则是以上一步为基础确定一级痛点，比如说，以上用户的痛点是如何作出好的曲子，因此以该群体为目标用户的音乐类短视频账号可以发布作曲技巧、作曲理论等内容。

3．强度

强度指的是用户内心深处的真正痛点，作为短视频策划者，如果能真正找到用户的痛点，短视频成为爆款的概率就会非常大。短视频创作者可以查看短视频评论区的用户评论，从中寻找用户的真正痛点。

2.5 短视频内容创意方法

有创意的短视频是形成有效流量的关键，通过增强短视频内容的创意性，可以让短视频变得更有新鲜感和吸引力。

2.5.1 利用情感和情绪

短视频行业竞争日益激烈，同质化和一般的内容很难俘获用户的青睐，只有戳中用户心理且能产生共鸣的优质创意内容，才能一枝独秀，调动用户情绪。以下介绍几种常见短视频用户情绪心理。

1．雪中送炭

最了解你的人可能不是你自己，而是大数据。大数据算法立足的根本是什么？是用户最终的需求。女性看到的化妆教程，单身用户看到的社交App，生病时注意到的保险等“被需要时”这些内容更容易让人驻足观看，也就是用户越需要什么，越容易被相关内容吸引，甚至自己都无法察觉。对于短视频内容创作者来说，如何利用“善解人意”来吸一波粉呢？这就要求我们在创作短视频之前，先对目标用户做一个分析，了解他们到底想要什么？你又如何才能雪中送炭？雪中送炭是在特定的场景下，精准洞察场景中用户的需求。在脚本创意时，创作者可以利用场景化剧本制作场景，并雪中送炭。

2．求同存异

“共情能力”又叫移情能力，指的是一种能设身处地体验他人处境，从而达到感受和理解他人情感的能力。共情不仅仅只是一个单一的概念或技能，它是一项重要的社交能力。

火爆的短视频一定是共情的视频，这里的共情分为正向共情和反向共情。正向共情是用户感受到你说出了他的心声，而且说得对，让他认同你的观点；反向共情是用户对你的观点不认同，不认同会带来争论，引起吐槽，是“槽点”。两者都容易引发热议，我们要做到求同存异，尊重每个人的观点。

3．有所受益

有一大部分用户希望通过观看视频来获得“新知”“资讯”或“小妙招”，当用户感受到有所得时，用户黏性也就上来了。在视频中展示用户可以获得的“知识”，用专业的方法指导用户，只要用户觉得有益处，他们就愿意产生接下来的行为。很多成人教育类广告素材、股票知识分享，甚至是每天赚点生活费的素材，都是因为让用户“有所得”收获较高的点击率。

4．探本溯源

好奇心会让用户看完你的视频。有悬念的开场更会激发用户的跟随。看完一条视频，首先要唤醒的是用户想更多了解你产品的兴趣，不管产品多好，创意多新奇，如果用户没兴趣，最终也徒劳无功。

唤醒用户对你的兴趣，就要显示出独特而新鲜的事实，挖掘产品与生俱来的“戏剧性”。我们都知道前3秒会决定大部分短视频的生死，核心就是一开始就要引起用户注意，激发用户好奇心，让其不自觉地看下去。

总而言之，短视频中承载的情绪传达给受众，连接的价值创造了最大的情感共鸣。一条优质的短视频，当用户还未领会其设计意图时，情绪就已经被感染了，在情绪的作用下，按照创作者的预定轨迹，自然做出选择。因此，短视频内容创意要从用户的角度出发，思考其需求与渴望，用户真正需要的从来不是产品与服务，而是自己欲望情绪的满足。

2.5.2 塑造一个极端不切实际的场景

塑造一个极端情况在大部分的广告中都有迹可循，比如宜家为了突出“鞋柜不够用了，你需要买个好鞋柜”，呈现一张“因为鞋子放不下而不得不把一只鞋塞到另一只鞋里”的图片；再比如为了说明车“非常灵活”，就塑造一个极端到不切实际的情景：为了到达目的地，车的灵活性非常重要。为了塑造这样的“极端情形”，一个最常用的技巧就是“荒谬的取代”——通过一个极端情形暗示你不必购买我们的产品，其实有替代方案。比如在奥迪车GPS导航的广告中，塑造了一个极端情形：在荒无人烟的地方，你没有我们的GPS服务也可以，你可以用路线上的巨大路标来替代。（这是荒谬的，不可能的。）

2.5.3 热点续写

在短视频平台上可能会涌现许多爆款视频，但其热度很大程度上只能持续一小段时间，热度散去，对于短视频创作者来说如果能对之前的爆款视频内容进行延伸或者再创作，再创爆款的可能性就非常大。

热点续写同样需要灵感，特别是主观能动性的发挥，热点续写不意味着“炒冷饭”，而是要充分挖掘爆款视频的特征，并进行相应分析，对用户的评论进行分析挖掘，分析真正让用户关注的视频内容的“点”，在视频再创作时，就可以把用户真正喜欢的内容创意加入其中。

2.5.4 显著性地域、群体法

这一点其实是在强调短视频的“精准投放”，用户在观看短视频时其实受到了“选择性接触”机制的制约。究竟用户喜欢什么样的短视频，某一类的短视频究竟会被什么样的用户群体所接受，这都是短视频运营人员需要实际去考量的。这时我们不得不提到一个接近性原则，对于普罗大众来说，越接近自身生活实际的内容可能越会被注意到。比如说某用户生活在上海，那么上海相关的视频注定会获得该用户更多的关注，然而对于非上海地区的用户来说则不然。

2.5.5 反转法

“反转”剧情设计正在成为爆火短片的标准之一，可以快速为短视频创作者获取流量。短短15到60秒，产生意想不到的戏剧性特征，最大限度吸引注意力，满足观众的好奇心和娱乐心理。

反转在短视频环境中，有着得天独厚的作用——线索紧凑、环环相扣，使观众注意力高度集中，容易将观众带入情境中，戏剧化的效果显著。完美地满足了篇幅短小的作品对故事性的要求，节奏紧张刺激。

2.5.6 创意集合法

短视频的创意集合主要有对国内外的综艺、影视作品进行二次剪辑，通过混剪、卡点、解说等方式突出这些影视中的重点内容；技能分享，这是比较常见的创作形式，涉及各种生活学习工作需要的技能，比如美妆分享、美食教程、考试经验等；生活娱乐，这种就是纯粹地分享自己的日常生活，涉及的领域也很多；自拍街拍，这种类别的视频主要就是分享自己的自拍照及他拍照；情景短剧，通过剧情演绎表达自己对某件事的看法，传递自己的价值观。

2.5.7 创意素材库

下面具体介绍几个非常实用的短视频素材库，第一个是易撰，该网站汇集了百万短视频库，视频素材也有很多的种类，特别是分辨率、质量、热度都非常不错。可查看当前热门搜索信息，可提供今日头条、百度、知乎等平台热点，简单高效。

第二个是米鱼网，米鱼网是很多人目前找视频素材的首选工具，米鱼网的短视频自媒体库，收集了庞大的自媒体爆款视频素材，还可以直接从网站上查找关键词以后下载。

第三个是广告世界，这个网站非常适合专门做创意文案，广告世界的广告质量都非常高，基本为国外的广告案例。当看了很多有创意的案例之后，就会有潜移默化的提升。

第四个是创客贴，创客贴是一个提供视频封面素材的网站，里面有很多最新的模板素材，紧跟热点，同时还为各行各业提供专属的模板素材，其中网络、技术、财经、教育等分类都非常出色。

2.6 短视频脚本撰写

一般来说，短视频拍摄制作主要包括写脚本、拍摄和剪辑三项工作。如果这三项工作到位，不仅可以让策划出的选题内容更加出彩，还能打动观众，给他们留下深刻的印象。本节重点讲解短视频脚本撰写。

2.6.1 短视频脚本概述

虽然短视频的时长较短，但优质的短视频中的每一个镜头都是经过精心设计的。短视频的拍摄离不开脚本，短视频脚本是短视频制作的灵魂，是短视频的拍摄大纲和要点规划，用于指导整个短视频的拍摄方向和后期剪辑，具有统领全局的作用，可以提高短视频的拍摄效率与拍摄质量。

与影视剧和长视频不同，短视频在镜头表达上存在很多局限性，如时长、观看设备、观众心理期待等，所以短视频脚本必须精雕细琢每一个细节，包括景别、场景布置、演员服装/化妆/道具准备、演员台词设计、演员表情、音乐和剪辑效果的呈现等，并且要安排好剧情的节奏，保证在5秒之内就能抓住观众的眼球。

短视频脚本大致可以分为三类：拍摄提纲脚本、分镜头脚本和文学脚本，脚本类型可以依照拍摄内容而定。

2.6.2 撰写拍摄提纲脚本

拍摄提纲是短视频的拍摄要点，对拍摄内容起到提示作用，适用于一些不易掌握和预测的内容。由于拍摄提纲的限制较小，拍摄者可以发挥的空间比较大，但对后期剪辑的指导效果不大，所以在制作抖音和快手这类视频时一般不采用这种短视频脚本。

拍摄提纲脚本的写作一般包括以下六个步骤。

（1）明确短视频的选题、立意和创作方向，确定创作目标。

（2）呈现选题的角度和切入点。

（3）阐述不同体裁短视频的表现技巧和创作手法。

（4）阐述短视频的构图、光线和节奏。

（5）详细呈现场景的转换、结构、视角和主题。

（6）完善细节，补充剪辑、音乐、解说、配音等内容。

2.6.3 撰写分镜头脚本

分镜头脚本既是前期拍摄和后期制作的依据，也是视频长度和经费预算的参考。

分镜头脚本主要包括镜号、分镜头长度、画面、景别、人物、台词等内容，具体内容要根据情节而定。分镜头脚本在一定程度上已经是“可视化”影像了，可以帮助制作团队最大程度地还原创作者的初衷，因此分镜头脚本适用于故事性强的短视频。表2-1为分镜头脚本示例。

表2-1 分镜头脚本示例

镜号	景别	画面	分镜头长度	人物	台词
1	中景	小唐和小静分别坐在餐桌两侧，默默无声，低头喝茶	2秒	小唐、小静	
2	近景	小静紧张不安	3秒	小静	小唐，最近又一个男生追求我，我该怎么办？
3	特写	小唐看着小静	2秒	小唐	（内心独白）我最喜欢的女生啊！
4	特写	小唐嘴角抿起，垂下头	2秒	小唐	没事，喜欢他就同意吧！
5	近景	小唐的胳膊支在桌子上，端起茶杯	1秒	小唐	喝茶吧！
6	特写	桌子突然晃得厉害，茶水洒了出来	2秒		
7	特写	小唐面带疑惑地看着小静	2秒	小唐	你怎么这么紧张？
8	特写	小静摇摇头	2秒	小静	我不紧张啊！
9	全景	小静离开座位，小唐的手在剧烈抖动	2秒	小唐、小静	

2.6.4 撰写文学脚本

文学脚本需要创作者列出所有可能的拍摄思路，但不需要像分镜头脚本那样细致，只需要规定人物需要做的任务、说的台词、所选用的镜头和整个视频的时长即可。文学脚本除了适用于有剧情的短视频外，也适用于非剧情类的短视频，如教学类视频和评测类视频等。表2-2是某剧情类短视频的文学脚本。

表2-2 某剧情类短视频的文学脚本

镜号	景别	画面	台词
1	全景	中年男子推开门，步态疲乏，看到3岁的儿子坐在沙发上，手里拿着两个苹果	
2	近景	中年男子坐到儿子身边，微笑着说	爸爸肚子饿了，给爸爸一个苹果好不好？
3	特写	儿子看了一眼爸爸，把两个苹果都咬了一口	
4	近景	中年男子脸上的笑容逐渐消失，叹了一口气，准备站起来	
5	特写	儿子把其中一个苹果递给中年男子	
6	全景		这个甜，给爸爸
7	近景	中年男子笑着抱起了儿子	我的好儿子，谢谢你！

要想写出优秀的文学脚本，需要注意以下几点。

（1）做好前期准备。前期准备包括很多方面，大致如下。

- 搭建框架：拍摄主题、故事线索、人物关系、场景选择等。
- 主题定位：故事背后有何深意？想反映什么主题？运用哪种内容形式？
- 人物设置：需要多少人物出镜？这些人物的任务分别是什么？
- 场景设置：寻找拍摄的地点，室内还是室外？
- 故事线索：剧情如何发展？
- 影调运用：根据所要表现的情绪配合相应的影调。
- 背景音乐：选择符合主题气氛的背景音乐。

（2）确定具体的写作结构。在编写文学脚本时，一般要先拟定一个整体框架，以总—分—总”结构居多，这样可以让短视频有头有尾。开始的“总”是指表明主题，在视频开头的3～5秒内就要表明主题，如果超过5秒，观众还不知道短视频的主题，很有可能会选择离开，影响短视频的“完播率”；“分”是指详细叙事，用剧情来传达短视频的主题；最后“总”是总结收尾，重申主题，以引发观众的思考和回味。

（3）人物设定。人物的台词要简单明了，能够体现人物性格和推动情节发展即可，若台词过长，观众听着也会吃力。除了人物的台词以外，相应的动作和表情也会帮助观众体会人物的状态和心理。

（4）场景设定。场景设定可以起到渲染故事情节和主题的作用，场景一定要与剧情相吻合，且不能使用过多的场景。

2.7 短视频策划注意事项

在短视频运营中我们很难绕开一个问题，就是如何做内容策划？从某种程度上说，内容策划能决定一条短视频70%以上的成败——因为内容策划是创作的发端，如果内容策划失败，那么后面的脚本、拍摄和后期都无从谈起，说得更严重点就是做无用功。

前期做好选题的框架和内容规划，不仅可以保障有源源不断的短视频输出，提升用户粉丝的黏性，而且更容易出精品内容和爆款短视频，吸引更多精准的用户和粉丝。

2.7.1 短视频方案可落地

有很多人认为直接开干，注册好账号就开始发作品，也不去考虑平台的属性和后期内容的垂直定位，这样做，到后期只会让你感觉越来越没信心，那么作为短视频运营新手，究竟应该如何做？

第一是要选择好赛道。很多人认为现在要做短视频肯定就选择最火的赛道，比如抖音，其实这就是盲目追风的表现，如果你的客户群体女性居多，那么小红书是不是会更适合呢？所以在做短视频账号之前首先要对赛道机制有清晰的认知，分析各个赛道的特点、推荐机制、内容调性和用户属性等。

第二是要学习竞品。当选择好了对应赛道之后，先别急着开始发作品，先看看竞品运营数据，就能清晰地发现你的受众群体喜欢什么样的内容。分析竞品账号定位、内容定位、人设定位及运营思路，以学习的态度认真学习竞品，拓宽运营思路。原创不一定会获得流量，只有数据才能告诉你用户关注哪一块，所以竞品是你最好的导师。

第三是要制订完善的运营方案。内容定位好，人设及运营思路清晰后，就要开始制订长期的运营方案了，比如多久更新一次内容、什么时候发布内容、什么时候开始直播等。关于主页的设计也需要用心突出账号的特点，介绍通俗易懂即可，切记前期千万别放任何联系方式。

2.7.2 符合投放平台定位

短视频投放是短视频运营中一个非常小但又很重要的环节。不少短视频运营者往往并不注重短视频投放，在制作一个短视频后，随意地发布到短视频平台，将所有的希望全部寄托在短视频内容自身所能达到的程度上。

其实，这种做法很不明智。所谓“尽人事听天命”，其中“尽人事”特别重要，短视频运营者要多研究短视频投放方法和技巧，进而让短视频获得更多的推广与引流。

不同的短视频平台之间竞争极为激烈。为了保持竞争优势，它们的定位略有差异，核心用户群的特点也存在不同。为了提高短视频投放的效果，短视频运营者必须深入了解各个平台的定位和核心用户群的特点，再结合自身定位以及短视频内容、目标用户的特点选择合适的平台进行投放。

1. 抖音短视频——记录美好生活

抖音短视频是一个面向全年龄段的音乐创意类短视频社区平台。用户可以拍摄短视频作品并上传到抖音App上，分享传播，获得其他用户的点击、点赞、转发和评论。抖音平台自带短视频制作的音乐、特效功能，配乐以电音、舞曲为主，深受年轻用户喜爱。用户多在抖音上分享奇闻趣事、生活日常。

抖音平台官方数据显示，抖音的用户主要有五个特征。

第一，抖音用户主要以一、二线城市年轻用户为主，男女比例比较均衡，女性略大于男性。

第二，抖音用户中19～30岁目标群体指数高，新一线、三线及以下城市用户目标群体指数高。

第三，抖音用户的省份/城市TOP10分布中，广东、河南、山东省占比高，郑州、西安、昆明市偏好度高。

第四，抖音用户中，男性19～24岁、41～45岁的用户偏好度高，女性中19～30岁用户偏好度高。

第五，抖音用户标签为喜欢音乐、美食和旅游居多，用户的社交风格更趋向于流行时尚、文艺小清新与校园风格。

综上，建议搞笑类、颜值类、创意类，视频时长比较短（比如只有几十秒的短视频）的短视频首选投放在抖音短视频平台。

2. 快手短视频——记录世界记录你

2012年11月，快手从纯粹的工具应用转型为短视频社区，用于用户记录和分享生产、生活的平台。后来随着智能手机的普及和移动流量成本的下降，快手在2015年以后迎来市场快速增长，成为流量巨大的短视频平台。2019年至2022年期间，增速整体呈现放缓的趋势。而在近两年，快手在与抖音等强劲对手的较量中，能否成功突围，仍然有待观望。快手的用户定位是社会普通人，即普通人的分享平台，所以快手的用户群体很广，也很接地气，里面聚了很多的民间高手，内容也充满了奇趣。

快手平台官方数据显示，快手的用户主要有四个特征。

第一，快手的大部分用户来自二线城市以下，来自四线及以下城市的用户占很大的比例。

第二，快手的用户分布区域较为广泛，沿海区域分布较高，年龄分布阶段比较丰富，12～45岁都是快手的主要用户，分布在各行各业。

第三，在学历方面，快手的用户以初中学历以及本科学历居多，文化程度分化差异较大。

第四，快手平台的短视频内容多是四线及以下城市的生活百态，从田间地头到广场上，非常真实且接地气。

综上，建议拍摄内容比较接地气、多是展现生活中真实的一面、用户群体多为三、四线城市的短视频首选投放在快手短视频平台。

3. 西瓜视频——给你新鲜好看

西瓜视频以“点亮对生活的好奇心”为口号，由今日头条孵化。西瓜视频分类包括音乐、影视、社会、农人、游戏、美食、儿童、生活、体育、文化、时尚、科技等，其中影视、游戏、音乐、美食、综艺五大品类的视频数量几乎占据了总视频数量的半壁江山，获得众多用户的喜爱。另外，西瓜视频有一个边看边买的功能，可以在视频中插入与视频内容相关的商品卡片，用户观看视频时点击商品卡片完成交易，运营者即可获得佣金分成收益。

巨量算数发布的《西瓜视频用户洞察报告》显示，西瓜视频的用户主要有5个特征。

第一，西瓜视频的用户中男女比例是8:2，男性占比较高。

第二，西瓜视频的用户中有70%以上的用户在30岁以上，其中31～35岁占比35.5%，36～40岁占比11.8%，41岁以上占比26.9%。

第三，在地域分布上，西瓜视频的用户大多分布于人口密度大的东南中部，尤其集中在超一线、一线、二线城市。其中超一线城市占比10.5%，一线城市占比33.9%，三线城市占比21.1%。

第四，在内容偏好上，西瓜视频的用户中，男性对美食、音乐、游戏感兴趣，女性对美食、音乐、育儿的兴趣度更高。

第五，在消费能力上，西瓜视频的用户中，中低消费者占比达35.7%，中高等消费者占比22.4%，中等消费者占比22.4%，低等消费者占比17%，高等消费者占比2.6%。

综上，建议影视综艺类、以男性用户为主的、时长多在4～7分钟的短视频首选投放在西瓜视频平台上。

4. 腾讯微视——发现更有趣

微视App是腾讯旗下短视频创作平台与分享社区，用户既可以在微视上浏览各种短视场，也可以拍短视频分享自己的所见所闻。用户可通过微视的模板制作互动视频，并通过微信、QQ等社交平台分享给好友；好友可直接在微信、QQ里浏览该互动视频，并进行互动操作，也可以在微视发布界面勾选“同步到朋友圈（最长可发布30秒）”按钮，即可将最长30秒的视频同步到朋友圈。

腾讯官方数据显示，微视的用户主要有5个特征。

第一，微视的主要用户集中在华东沿海地区，中部与西部地区的用户相对较少。

第二，从性别上看，微视的男性用户略多，占比53.12%，女性用户占比46.88%。

第三，从年龄上看，微视的用户中占比最高的年龄阶段是25～35岁，约占40%，接下来依次是年龄在19～25岁和46～55岁的用户，19岁以下的用户占比较少。

第四，微视用户的应用偏好最多的是生活、社交、影音、网购、通信、资讯、教育、阅读工作、商旅出行、金融理财方面。

第五，微视用户群体多是大学生群体、职场新人、白领和内容创作者等，目的在于打发休闲时间、缓解压力和从中获利。

综上，建议实用类，以学生、职场新人和白领为主要目标用户的短视频适合首选投放在腾讯微视平台。

2.7.3 短视频的运营

短视频运营，杠杆思维是重中之重。杠杆思维指的是以一个核心杠杆点，去撬动更多事情和成果发生的一种做事思维。短视频运营中的杠杆思维则是通过关键细节的优化，让运营的项目起到立竿见影的效果。

运营是内容传播的杠杆，根据热点事件和行业热门话题进行话题设置是最常见的运营杠杆手段，也就是“追热点”。“追热点”有三个不同的层次。第一层是瞬时热点，也就是追一些瞬间爆发事件。比如，微博热搜、朋友圈刷屏内容、某些热点资讯等。第二是阶段性热点，时间相对长久，也比较好预测。第三是趋势热点，比如，短视频行业用户、渠道，以及用户对某种内容的需求在未来较长的时间内将不断上升。

2.7.4 把握短视频的选题节奏

社会是在不断发展的，用户的需求也随之不断改变，短视频选题一定要做的就是随情况而变。作为短视频团队，在选题上就必须要紧跟潮流，根据用户的反馈不断地进行调整。同时还需要把握选题的节奏，使得用户能够更好地接受。这就像下棋一样，让所有的部分都要发挥作用，这样才能完成全局的胜利。对于选题的布局，应该怎么考虑呢?

1. 选题由易到难

短视频在制作成系列的时候，其选题往往是相关联的。尤其是垂直性短视频，是专注在某一领域内的，为了能够使用户更好地接受内容，短视频制作者应该注意选题由易到难。看这类短视频的大部分用户，在此之前对于相关的专业类技能是没有涉猎的，所以如果一开始就选择较难的主题，会使其难以理解，从而使用户丧失观看欲望，造成用户的流失。

短视频选题由易到难，还可以带动前期短视频的播放量。不是所有用户都是从第一期短视频就开始观看的，大部分还是随着短视频的不断更新而逐渐被吸引来的。在这种情况下，如果某期短视频难以理解，用户自然而然地就会翻找该账号之前的短视频，于是就再次带动了该短视频的播放量，从而实现长期稳定发展。

2. 调动用户参与

用户的参与性很大程度上影响一个短视频的流量。当用户的参与度越高的时候，短视频被转发分享的可能性就越大。短视频的制作者可以根据选题节奏的调整，来提高用户的参与度。

比如，短视频制作者可以在一期视频中，针对某个现象向用户征集看法，这样用户自然而然地就会参与讨论。而对于用户的讨论，不要在下一期短视频当中就以此为主题进行制作，反而要在其中隔几期其他的主题。这样可以延长讨论的周期，使得没有及时看到的用户也有动力参与进来。而且这种方法还可以引起用户的好奇心，期待自己的观点能够在某期短视频的选题上反映出来，从而进行长期的关注。

除此之外，短视频选题的可操作性也会影响到用户的参与度。尤其是一些对于专业性技能要求较高的短视频，用户很难在日常生活中进行实际的操作，于是参与感也就降低了。为了解决这一问题，短视频创作者可以将专业知识需求较高的选题与用户日常就可以进行的选题交叉操作，使得用户在这个节奏中既能为内容中表现出的专业所惊叹，又可以参与其中，激发兴趣。

3. 热点穿插使用

热点的使用可以使得短视频内容被更多的用户看到，但是如果一味地仅使用热点话题，会使得用户感到节奏过快，从而产生疲惫感。更有甚者，还可能在用户心中留下没有真材实料、只是一味蹭热点的感受。为了避免这种情况，短视频的选题方面应该将热点穿插使用。即使在一期短视频当中，也不能够全部内容都与热点紧密相关，要在讨论热点的同时还安排较为有趣的内容来使得用户放松心情，以做到张弛有度。

会下棋的人，都会布局，一个棋盘的布局就能反映这个人的思路。在棋局中，可以以退为进，可以以舍为进。短视频也要做好布局，尤其是对于选题来说，没有源源不断的题材内容就做不好短视频的支撑。做短视频不可能只是一时的，还是要为以后铺好道路。

2.7.5 遵守短视频平台规范

开展短视频服务的网络平台，应当遵守一定的规范，具体有如下的要求：

（1）开展短视频服务的网络平台，应当持有《信息网络传播视听节目许可证》（AVSP）等法律法规规定的相关资质，并严格在许可证规定的业务范围内开展业务。

（2）网络短视频平台应当积极引入主流新闻媒体和党政军机关团体等机构开设账户，提高正面优质短视频内容供给。

（3）网络短视频平台应当建立总编辑内容管理负责制度。

（4）网络短视频平台实行节目内容先审后播制度。平台上播出的所有短视频均应经内容审核后方可播出，包括节目的标题、简介、弹幕、评论等内容。

（5）网络平台开展短视频服务，应当根据其业务规模，同步建立政治素质高、业务能力强的审核员队伍。审核员应当经过省级以上广电管理部门组织的培训，审核员数量与上传和播出的短视频条数应当匹配。原则上，审核员人数应当在本平台每天新增播出短视频条数的千分之一以上。

（6）对不遵守本规范的，应当实行责任追究制度。

项目实施

通过此次对于短视频内容策划的梳理，学生们对短视频的前期内容搭建有了基本的掌握，但具体实操起来还是可能会遇到很多阻碍，因此本章节将会带领学生进行一定的实操。

任务 2.1 搜集行业报告了解用户特征

步骤 1：借助知网、专业的报告发布平台等获取短视频行业发展报告。

步骤 2：根据报告的内容梳理短视频用户的基本情况，了解用户的人口统计学信息，对用户群体有一个大致的认知。

任务 2.2 收集分析用户信息，构建用户画像

步骤 1：明确短视频发布平台，使用第三方数据分析工具进行用户数据分析，或者根据用户评论等信息对用户情况进行初步分析。

步骤 2：根据用户信息数据绘制用户画像。

任务 2.3 建立不同短视频呈现形式 Top 榜

步骤 1：明确短视频呈现形式的几种类别，分别是图文形式、模仿形式、解说形式、情景剧形式、知识分享形式以及 vlog 形式。

步骤 2：收藏每日播放热度较高的部分短视频，根据短视频的呈现形式差异分别对短视频进行归类，建立一个短视频库。

任务 2.4 提炼爆款短视频属性

步骤 1：完整观看某一条爆款短视频，分析其中最“抓人”眼球的片段，分析究竟是台词、画面还是剧情使其成为了爆款视频。

步骤 2：根据用户弹幕、评论等信息判断，使其成为爆款短视频的原因究竟是什么，并做好相应的记录。

任务 2.5 撰写短视频策划方案

步骤 1：首先应明确短视频策划具体包含哪些方面，包括用户定位、呈现形式、选题以及短视频脚本撰写这几个方面。

步骤 2：小组成员讨论自己的短视频策划方向，并确定好各自的分工。

步骤 3：确定好各自分工之后开始实际的策划方案撰写。

任务 2.6 撰写短视频脚本

步骤 1：明确短视频脚本的分类，分别是拍摄提纲脚本、文学脚本以及分镜头脚本。

步骤 2：明确小组成员各自的分工，加强沟通和配合。

项目小结

根据本项目的要求，首先学习了用户调研的具体步骤以及如何获取用户信息数据；接下来了解了短视频的呈现形式及定位，对于短视频选题策划的几个维度及基本原则有了最基础的认知；除此之外还掌握了短视频内容创意的几种方法，对于短视频创作中最为重要的脚本撰写也进行了补充。通过对本项目的学习，学生还应该了解到短视频策划过程中的一些注意事项，短视频内容发布平台不是法外之地，作为一个视频创作者一定要遵守发布规范。

在掌握了以上的知识之后，学生们通过收集用户信息，构建了用户画像，并且学会了挖掘爆款短视频的价值点，最后撰写出了初步的短视频策划方案。

拓展知识

短视频运营的误区之一：不做数据分析

不少短视频创作者将全部精力放在短视频内容制作上，却不做数据分析。其实，数据分析对短视频有着重要的指导意义。数据分析是对已经发布的短视频的各项数据，包括完播率、点赞率、评论率、转发率等进行分析。

例如，一条短视频播放量是5 000次，点赞数是2 173个，评论数是498条。在进行数据分析时，首先要关注点赞数和评论数，如果这两项数据很高则说明这条短视频激发了用户的参与和互动，质量也比较高。但是为什么播放量却不佳呢？运营者就要针对播放量再做进一步的分析，一般是将自己的短视频与同类的播放量非常高的热门短视频做对比，分析自己的短视频与同类短视频的差别，是短视频展现形式不同？还是配音台词有问题？背景音乐不合适？通过对比分析找到播放数据不佳的深层次原因，以便在下一次创作短视频的时候吸取经验。

除了要了解以上的数据外，运营者还可以借助平台公布的数据了解该平台的用户特点，包括性别、年龄、职业、消费偏好等，帮助自己制作出更易被用户喜爱的内容。

要想做好短视频运营并非一件易事。任何短视频运营都不是一蹴而就的，需要运营者规避短视频运营的误区，在运营领域多多学习，绝对不能抱着急功近利的心态，而要潜心做好短视频运营的每一个环节。

知识巩固

一、单选题

1. 创作爆款短视频的关键是（　　）。

A. 平台　　B. 演员　　C. 时长　　D. 主题

2. （　　）不是短视频脚本类型。

A. 拍摄提纲脚本　　B. 文学脚本

C. 全镜头脚本　　D. 分镜头脚本

3. 对画面效果没有太高要求且预算有限的短视频创作者，选择（　　）作为拍摄设备即可。

A. 智能手机　　B. 微单相机　　C. 单反相机　　D. 摄像机

4. （　　）短视频呈现形式适合分享日常生活。

A. Vlog形式　　B. 图文形式　　C. 解说形式　　D. 情景剧形式

5. （　　）不属于短视频策划的五个维度之一。

A. 人物　　B. 工具和设备　　C. 环境　　D. 剧情

二、填空题

1. 具有________特征的短视频建议发布在西瓜视频平台上。

2. 解说形式的短视频多为________主题。

三、简答题

1. 请简要说明如何建立短视频用户画像。

2. 短视频运营中为什么要进行用户数据的收集与分析，常用的用户信息收集软件有哪些？

拓展任务

以小组为单位，共同搜集资料，探讨好一个短视频主题后尝试着写出表2-3所示分镜头脚本的初稿。

表2-3　分镜头脚本

镜　号	景　别	画　面	分镜头长度	人　物	台　词

笔记栏

项目测评

学习成果达成与测评

<table>
<tr><td>学号</td><td></td><td>姓名</td><td></td><td>项目序号</td><td></td><td>项目名称</td><td>短视频内容策划</td><td>学时</td><td>16</td><td>学分</td><td>0.4</td></tr>
<tr><td>职业技能等级</td><td>中级</td><td colspan="2">职业能力</td><td colspan="6"></td><td>子任务数</td><td>5个</td></tr>
<tr><td>序号</td><td colspan="2">评价内容</td><td colspan="8">评价标准</td><td>分数</td></tr>
<tr><td>1</td><td colspan="2">用户调研</td><td colspan="8">能够借助行业报告了解用户特征并拟定用户调研计划</td><td></td></tr>
<tr><td>2</td><td colspan="2">用户定位</td><td colspan="8">能够借用工具分析用户信息并为用户群体构建用户画像</td><td></td></tr>
<tr><td>3</td><td colspan="2">短视频呈现形式</td><td colspan="8">能够掌握短视频的几种呈现形式并建立不同类型的短视频素材库</td><td></td></tr>
<tr><td>4</td><td colspan="2">短视频策划方案</td><td colspan="8">能够掌握短视频策划方案的构成部分</td><td></td></tr>
<tr><td>5</td><td colspan="2">短视频脚本</td><td colspan="8">能够独立撰写短视频脚本</td><td></td></tr>
<tr><td rowspan="2">考核评价</td><td colspan="10">项目整体分数（每项评价内容分值为1分）</td><td></td></tr>
<tr><td colspan="11">指导教师评语</td></tr>
<tr><td>备注</td><td colspan="11">奖励：
1. 按照完成质量给予1～10分奖励，额外加分不超过5分。
2. 每超额完成1个任务，额外加分3分。
3. 巩固提升任务完成优秀，额外加分2分。
惩罚：
1. 完成任务超过规定时间扣2分。
2. 完成任务有缺项每项扣2分。
3. 任务实施报告编写歪曲事实，个人杜撰或有抄袭内容不予评分。</td></tr>
</table>

学习成果实施报告书

<table>
<tr><td>题目</td><td colspan="5"></td></tr>
<tr><td>班级</td><td></td><td>姓名</td><td></td><td>学号</td><td></td></tr>
<tr><td colspan="6">任务实施报告</td></tr>
<tr><td colspan="6">请简要记述学习过程中完成的各项任务，描述任务规划以及实施过程，遇到的重难点以及解决过程，总结不同类型爆款短视频的属性等。</td></tr>
<tr><td colspan="6">考核评价（按10分制）</td></tr>
<tr><td colspan="3" rowspan="2">教师评语：</td><td>态度分数</td><td colspan="2"></td></tr>
<tr><td>工作量分数</td><td colspan="2"></td></tr>
<tr><td colspan="6">考评规则</td></tr>
<tr><td colspan="6">工作量考核标准：
1. 任务完成及时。
2. 操作规范。
3. 实施报告书内容真实可靠，条理清晰，文本流畅，逻辑性强。
4. 没有完成工作量，扣1分，故意抄袭实施报告扣5分。</td></tr>
</table>

项目3 短视频拍摄与剪辑

学习目标

【知识目标】

◎ 了解常用的短视频拍摄设备；

◎ 熟悉短视频的拍摄技巧；

◎ 了解常用的短视频后期剪辑工具。

【能力目标】

◎ 能够正确运用画面景别、光线位置、镜头运动、画面构图；

◎ 能够掌握短视频后期剪辑的规则、方法及技巧。

【素质目标】

◎ 培养务实、细致的工匠精神；

◎ 强化逻辑能力、创新能力与协作能力。

项目概述

【情境描述】

随着移动互联网的快速发展，社交媒体得以广泛运用，短视频作为互联网领域的风口，掌握短视频的拍摄与后期成为了自媒体人必备的一项基本技能。晓慕一直对自媒体行业充满兴趣，近期他开始关注短视频的拍摄与后期剪辑，开始系统学习短视频拍摄的画面景别、光线位置、镜头运动以及短视频的字幕、封面包装等，以提升自己的专业技能。

【场景案例】

第十一届中国网络视听大会于2024年3月28日至30日在成都举办，大会发布了《中国网络视听发展研究报告（2024）》（以下简称《报告》）。《报告》显示，截至2023年12月，我国网络视听用户规模达10.74亿，网民使用率达98.3%。TOP100 App中搭载视频类功能的占比69%，且所有类型的App中，视频类应用的用户增长最快。视频内容已经成为用户内容消费和日常社交最主流的选择，同时也在企业进行品牌曝光、内容种草、销售转化的内容营销中，发挥着越来越关键的作用。与日益凸显的用户价值和商业价值相匹配，视频创作行业蓬勃发展，成为业内焦点。

剪映和知萌咨询机构2022年10月针对企业、专业机构和自媒体视频内容创作相关人员进行的在线调查（样本N=750），共同研究发布了《2022视频创作行业趋势白皮书》。调研数据显示，54.4%的创作者已经拥有2年以上的视频创作经历，类型广泛分布在各垂直领域，无论从创作时长还是更新频次皆处于活跃旺盛的状态，商业收入除了广告商单外兼具直播打赏、电商带货、线下活动、探店引流、知识付费等多种方式。

通信技术与视频创作工具共同驱动视频平台和用户规模高速发展，无论是视频创作生态初期以PR、FC、达·芬奇为代表的传统工具对专业属性的延续始终服务小众人群；还是在视频生态兴起时期以会声会影等工具为代表的国产桌面工具对平民化时代的开启；还是在视频生态爆发期以剪映为主要代表的新兴互联网工具真正开启视频的“个人化表达”同时彻底引爆了创作生态。

【课堂讨论】

（1）列举你所了解的短视频拍摄设备与后期剪辑工具。

（2）短视频行业从业者需要具备哪些技能？

（3）完成一则短视频的基本流程有哪些？

知识准备

短视频的本质是将文本语言转换成镜头语言，借助镜头来表达短视频创作者的情感和想法。要想实现这一目的，短视频拍摄和后期编辑这两个步骤缺一不可。掌握好拍摄技巧，可以保证短视频的拍摄效果，给观众带来足够强烈的视觉冲击力，而后期编辑可以让短视频的逻辑更合理，画面更流畅，音质具有感染力，提升短视频的质量。

本项目主要围绕短视频的制作与实操部分，即拍摄、后期剪辑两大版块进行讲解。其中，短视频的拍摄将从常见短视频拍摄设备与短视频拍摄技巧两个方面进行介绍；短视频的后期剪辑细分为剪辑工具、基本原则、配乐、字幕、封面、文案等多个内容。

3.1 常见的短视频拍摄工具

“工欲善其事，必先利其器。”短视频的拍摄需要用到各种拍摄工具。要想拍好短视频，挑选合适的拍摄工具是关键。拍摄工具的选择也是一门学问，涉及专业度和预算，不同的团队规模和预算有着不同的选择。

3.1.1 拍摄设备

【课堂讨论】

短视频的拍摄设备主要有哪些？

1. 手机

目前人们拍摄短视频用得最多的拍摄设备就是手机，其优势如下。

（1）轻便灵活，可以随身携带，可以随时拿出来拍摄，以免错过精彩瞬间。

（2）具有强大的美颜功能，包括美白、磨皮、瘦脸、滤镜等，已经成为人们在日常拍摄中经常使用的功能。

（3）在手机充满电的情况下可以连续拍摄数小时，有着较强的续航能力。

（4）拥有全自动对焦功能，在拍摄时焦点的选择可以交给手机自动处理。

但与专业设备相比，手机有以下劣势。

（1）镜头能力弱。手机镜头的分辨率与专业设备相比较低，由于手机采用数码变焦功能，会把远处的物体直接放大，拍摄者移动机身取景，其图像质量相对较差。

（2）成像质量较差。受到体积和成本等因素的制约，手机摄像头的成像芯片质量较差，所以拍摄出来的短视频画面在放大以后可能会变得模糊不清，色彩还原度也不高。

（3）对光线和设备的稳定性要求高。如果使用手机拍摄短视频，在室内或夜晚光线不足时影像会模糊不清，镜头轻微抖动也会造成短视频画面模糊。

2. 微单

如果团队的预算有限，但又想改进短视频的画质，可以考虑使用微单，如斯莫格BMPCC，其外形小巧，可以随身携带，拍摄出来的短视频画质也不错，具有很强的电影感；使用松下GH5可以拍摄6K和96帧/秒的高速镜头，并且松下GH5有V-Log升级，在视频拍摄领域有着很高的知名度；使用索尼A6600、全画幅微单Alpha 7S Ⅲ、索尼专业电影摄影机FX3等均可以拍摄4K视频，视频画质清晰。

3. 单反相机

当团队发展到稳定阶段，面向更广大的用户甚至承接电商短视频广告时，对画质和后期的要求会越来越高，这时就需要考虑使用更为专业的单反相机拍摄短视频了。

单反相机的成像质量比微单和手机好，使用单反相机拍摄出来的画面更加清晰。单反相机的镜头样式多，包括定焦镜头、短焦镜头、长焦镜头等，可以满足更多的场景拍摄要求。

但是，单反相机的缺点也很明显，主要表现在三个方面：一是过于笨重，常规的单反相机重量为800～1 300克，拍摄者长时间将其端在手上对体力是个不小的考验；二是调整参数比较复杂，拍摄者必须熟悉快门、光圈、ISO感光度等参数之后才能灵活操作，否则会影响拍摄效果；三是电池续航能力差，很容易过热关机，在拍摄者外出拍摄时需要带上备用电池，或者找到稳定的电源供给。

3.1.2 灯光设备

【课堂讨论】

（1）短视频的灯光设备有哪些?

（2）常见的灯光布置办法有哪些?

摄影是光影的艺术，灯光造就了影像画面的立体感，是影像拍摄中的基本要素。在短视频室内拍摄中，最常用的灯光设备主要是伞灯和柔光灯。

1. 伞灯

将不同质地和规格的反光伞装在闪光灯上方就成为了伞灯（见图3-1），其特点是发光面积大，光线柔和，反差弱。

2. 柔光灯

在闪光灯上加上柔光罩，就成为柔光灯（见图3-2）。柔光灯所发出的光是由闪光灯发出的直射光与反光罩的反射光混合后，再经柔光罩透射扩散而成的，其特点是照明均匀且充足，光线柔和，方向一般强于伞灯，反差清晰，投影浓于伞灯，具有良好的层次表现。

图3-1 伞灯

图3-2 柔光灯

与拍摄电影时复杂的灯光布置相比，大部分短视频的拍摄要求并不高，“三灯布光法”就可以满足基本的拍摄需求。

主灯：主灯是主光，是一个场景中最基本的光源，可以将主体最亮的部位或轮廓打亮。主灯通常放在主体的侧前方，在主体和拍摄设备之间呈现45°～90°的范围。

辅灯：辅灯是补光，比主光亮度要小，一般放在与主光相反的地方，对未被主光覆盖的主体暗部进行补光提亮。主光与补光的光比（光照强度比例）一般为2:1或4:1。

轮廓灯：轮廓灯发出的光起到修饰作用，可以打亮人体的头发和肩膀等轮廓，提升画面的层次感和纵深感，一般位于主体后侧，与主光相对。

3.1.3 辅助设备

拍摄短视频的辅助器材有很多，常用的有三脚架、稳定器、滑轨、话筒、摇臂等。

1. 三脚架

三脚架是短视频创作者拍摄短视频必备的基本工具之一，可以防止拍摄设备抖动而造成的视频画面模糊。三脚架有很多种，有适合相机使用的，有适合手机使用的。如果要拍摄在桌面上手工制作、写字、画画等短视频，短三脚架是最合适的选择。

由于短视频拍摄画面的比例要求不同，有的需要横屏，有的需要竖屏，若横屏拍摄一次，竖屏拍摄一次，就会费时费力，甚至出现细节差异，这时不妨使用多机位的三脚架同步拍摄，可以大大提升拍摄效率。

2. 稳定器

当在拍摄人物追逐、骑单车、玩滑板等户外运动画面时，人物的运动速度很快，摄影器材要跟随人物运动。如果拍摄者手持拍摄设备，拍摄出来的画面会抖动得非常厉害，导致观众观感不佳，以致影响短视频的完播率，而在拍摄设备上安装稳定器可以很好地解决这个问题。

稳定器的工作原理：在多个方向安装移动轴，由内设电子稳定系统（如陀螺仪传感器）计算出运动中的晃动方向和晃动距离，然后施以反向运动来抵消运动过程中的抖动。目前，稳定器主要分为两种，一种是手机稳定器，如图3-3所示；另一种是相机稳定器，如图3-4所示。

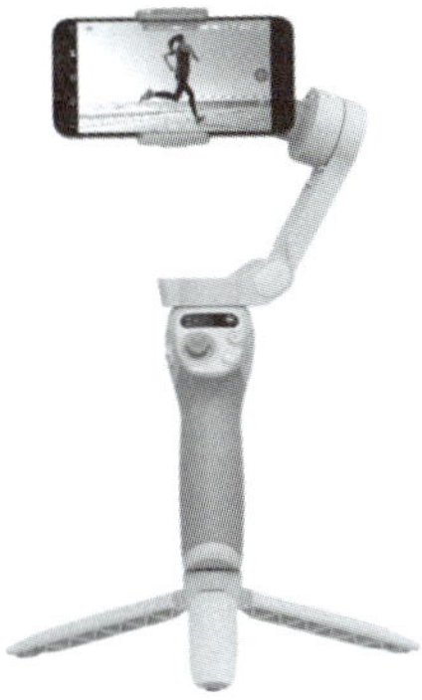

图3-3 手机稳定器

图3-4 相机稳定器

3. 滑轨

如果人物或物品不移动，短视频中长时间呈现的固定画面会显得很死板。为了实现动态的效果，拍摄者可以使用滑轨（见图3-5）让拍摄器材进行平移、前推和后推等操作。镜头前推可以营造出一种接近目标的感觉，镜头后推可以营造出一种娓娓道来的感觉，镜头平移或者围着目标旋转，可以拍摄出动感的画面，给观众以代入感，使短视频看起来更流畅。

图3-5 滑轨

4. 话筒

在室内拍摄短视频时，由于拍摄现场比较安静，拍摄距离较近，手机和相机自带的收音设备一般可以满足收音需求。但是，当拍摄设备距离人物超过2米时，人声会与环境噪声混杂在一起，影响收音效果，这时就要用到话筒。

话筒分为有线话筒和无线话筒。有线话筒的收音效果要更好一些，而且不会受到电池的影响，在拍摄室内脱口秀、人物访谈等短视频时可以用有线话筒，将其夹在人物领口即可。当在室外拍摄活动场景类的短视频时，如运动或互动短剧，人物需要灵活走动，这时就要用到无线话筒。

5．摇臂

摇臂可以极大地丰富镜头语言，增加镜头画面的动感和多元化，让观众产生身临其境的感觉。摇臂拥有长臂优势，使用它能拍摄到其他摄像机不能捕捉到的镜头。不过摇臂的价格较高，个人或小团队可以用一些能够平稳运动的设备（如小推车、滑板、自行车等）代替。

3.2　常用的短视频拍摄技巧

3.2.1　画面景别的设计与运用

【课堂讨论】

（1）你所熟知的画面景别有哪些?

（2）你所熟知的景别组成方法有哪些?

景别是指被摄主体和画面形象在屏幕框架结构中所呈现出的大小和范围，是画面的重要造型元素之一，由远至近可以分为远景、全景、中景、近景和特写。不同的景别会带来视点、视野和视距的变化，景别的变化是实现造型意图，形成节奏变化，控制信息容量的重要因素。

画面景别的大小有两个决定性因素，一个是拍摄设备与被拍摄物体之间的实际距离，另一个是拍摄设备镜头的焦距长短。下面简要介绍各种景别的设计与运用方法。

1．远景

远景一般用来表现远离拍摄设备的环境全貌，展示人物及其周围广阔的空间环境、自然景色或群众活动大场面的镜头画面。这种景别相当于人从较远的距离观看景物和人物，视野深远且宽阔，能够包容广阔的空间，人物在画面中所占的面积较小，甚至是点状，而背景占主要地位。画面给人以整体感，细节不突出，如图3-6所示。

图3-6　远景

由于人们在观看短视频时大多使用手机，其屏幕较小，远景的表现力会在手机屏幕上有所削弱，因此拍摄者在处理远景画面时要删繁就简，使画面长度足够充分，拍摄时不要将拍摄设备移动得太快，以免使本来就看不清的细节变得更加模糊。

2．全景

全景用来表现人物全身形象或某一具体场景的全貌，往往制约着该场面镜头切换中的光线、影调、人物运动及位置，可以进一步表现人物与环境的关系，也被称为交代镜头，如图3-7所示。与远景相比，全景有着明显的内容中心和结构主体，重视特定范围内某一具体对象的视觉轮廓形状和视觉中心地位。

图3-7　全景

全景画面能够完整地表现人物的形体动作，进而反映人物的内心情感和心理状态。全景将被拍摄主体及其所处的环境空间在同一个画面中进行展现，可以通过典型环境和特定场景来表现特定人物。

需要注意的是，在全景画面中，人物的头顶以上与脚底以下都要有适当的留白，切不可“顶天立地”，让人产生堵塞感，但也不要将空间留得过大，否则会造成人物形象不清楚，降低画面的利用率。

3．中景

中景主要用来表现人物膝盖以上部分或者场景的局部画面。与全景相比，中景画面中的人物整体形象和环境空间不再是重点表现对象，画面更注重表现具体动作、结构和情节，如图3-8所示。

中景画面削弱了被拍摄主体的外部轮廓线，加强并突出了物体内部结构线的表现因素。例如，在拍摄一棵参天大树时，画面由全景推向中景，大树的外部轮廓就会被排挤出画面外，而重点表现树木苍劲挺拔的枝干。

中景画面是叙事性的景别，在有情节的画面中，中景既给人物以形体动作和情绪交流的活动空间，又与周围氛围、环境保持一致可以揭示人物的情绪、身份、相互关系及动作目的等。

图3-8　中景

4．近景

近景主要用来表现人物胸部以上的部分或者物体的局部。与中景相比，近景画面表现的空间范围更小，画面内容也更单一，环境和背景的作用进一步降低，吸引观众注意力的主要是画面中占主导地位的被拍摄主体。

近景是近距离观察人物的景别，能够清楚地表现人物的细微动作和面部表情，所以是刻画人物性格的重要景别，如图3-9所示。

图3-9　近景

在拍摄近景画面时，拍摄者要注意画面中细节的质量，保证人物形象的真实性、生动性和情节的客观性、科学性。拍摄者不妨多拍摄一些画面，在后期剪辑时进行挑选。

背景在近景画面中的作用大大降低，所以近景画面一般力求简洁，色调统一，拍摄者尤其要避免背景中出现容易分散观众注意力的物体，要让被拍摄主体一直处于画面结构的主导位置。

5. 特写

特写用来表现人物肩部以上的部分或者某些被拍摄主体细节的画面。由于特写画面的内容比较单一，所以可以起到放大形象、强化内容、突出细节等作用，如图3-10所示。

图3-10 特写

在特写画面中，被拍摄主体几乎充满画面，与观众的距离更近。在人物特写画面中，观众可以很清晰地看到人物的面部表情，这有利于刻画人物，描绘人物的内心活动。在有情节的叙事性短视频中，人物面部表情和眼神的变化在表现某些特殊画面时有着无限的可能性，是形成画面语言的戏剧因素。

同时，观众对被拍摄主体的认识会有所深化，达到透视事物深层内涵、揭示事物本质的目的。例如，当一只紧攥成拳头的手充满整个画面时，它就不再只是一只手，而象征了一种力量。

由于特写分割了被拍摄主体与周围环境的空间联系，画面的空间表现不确定，空间方位也不明确，所以常被用作转场镜头。在场景转换时，由特写画面打开至新场景，观众不会觉得突兀和跳跃。

其实，每个短视频都是由不同景别的画面组合而成的。下面将介绍不同景别在画面中停留的时间、所占的比例，以及组合景别的方法。

（1）不同景别在画面中停留的时间

短视频不能由单一景别的画面构成，否则会显得过于单调，无法吸引观众。

那么，在一个短视频中，不同景别在画面中分别停留多长时间合适呢？

由于远景画面中的元素比较多，为了让观众看清楚，时间一般停留较长，通常为3～5秒，全景画面一般停留2～3秒，中景画面一般停留2秒，近景画面一般停留1～2秒，特写画面一般停留1秒。如果需要渲染情绪，任何景别都可以适当多停留一些时间，以使观众更好地产生代入感。

（2）景别所占比例

一般来说，在短视频中近景、特写画面加在一起要占整个短视频的3/5，远景和全景画面占1/5，中景画面占1/5。

（3）组合景别的方法

短视频拍摄新手可以按照以下方法拍摄20秒以内的短视频。

正递进式：远景—全景—中景—近景—特写，层层递进，将所要展现的事物越来越清晰地呈现出来。

逆递进式：特写—近景—中景—全景—远景，层层拉远，逐渐表达清楚人物在做什么，这样可以勾起观众的好奇心。

总分总式：远景＋全景—中景＋近景—远景＋全景，开头先用远景和全景画面交代环境，再用中景和近景画面交代故事的发展，最后用远景和全画面结束视频。

跳跃式：所谓跳跃式，其实就是“不按常理出牌”，景别之间没有固定的搭配方式，而是完全根据视频内容的逻辑来组合景别，这样做可以让观众时刻保持视觉上的新鲜感。

3.2.2 光线位置的设计与运用

【课堂讨论】

你所知道的光线位置有哪几种?

光线位置，即光位，就是指光源相对于被拍摄主体的位置，也就是光线的方向与角度。同一被拍摄主体在不同的光位下会产生不同的明暗造型效果。光位主要分为顺光、逆光、侧光、顶光与脚光等。

1. 顺光

顺光，又称正面光，光线的投射方向与拍摄方向一致。采用顺光拍摄时，视频画面中前后物体的亮度是相同的，亮暗反差不太明显，被拍摄主体会受到均匀照明，影调比较柔和，如图3-11所示。使用顺光拍摄风景时，能够达到平和、清雅的画面效果；使用顺光拍摄人物时，能够得到过渡层次平缓细致、自然柔和的画面效果。

图3-11　顺光

不过，使用顺光不利于在画面中表现大气透视效果和空间立体效果，色调对比和反差也不够丰富。

2．逆光

逆光，又称背面光，指来自被拍摄主体后面的光线照明。使用逆光可以清晰地勾画出被拍摄主体的轮廓形状，被拍摄主体只有边缘部分被照亮，而大部分处于阴影下，这对表现被拍摄主体的轮廓特征，把物体与物体、物体与背景分离来都极为有效，可以使画面层次更加丰富，如图3-12所示。

图3-12 逆光

逆光可以形成暗色的背景，烘托被拍摄主体，使画面显得空旷、安静，渲染人物情绪。某些半透明物体（如丝绸、植物的叶子、花瓣等）在逆光照射下会产生很好的质感。

在进行逆光拍摄时，拍摄者要注意背景与陪衬体的选择，以及拍摄时间的选择，选择合理的曝光，视情形确定是否使用辅助光照明。

3．侧光

当光线投射方向与拍摄方向呈90°角时，即为侧光。侧光能够在被拍摄主体表面形成明显的受光面、阴影和投影，表现被拍摄主体的轮廓形态和质感细节，如图3-13所示。在拍摄人物时，使用侧光能够表现人物情绪，通常会在特写画面中将侧光打在人物脸部一侧。侧光的缺点是画面会形成一半明一半暗的过于折中的影调和层次，在拍摄大场面的景色时使用侧光会显得光线不均衡。

图3-13 侧光

4. 顶光和脚光

顶光来自被拍摄主体顶部。在室外，最常见的顶光是正午的太阳光线；而在室内，较强的顶光投射在被拍摄主体上，未受光面就会产生阴影，强烈的阴暗对比可以反映出人物特殊的精神面貌和特定的环境、时间特征，营造一种压抑、紧张的气氛。

脚光可以填补其他光线在被拍摄主体下部形成的阴影，或者用于表现特定的光源特征和环境特点。如果将其作为主光，会给人一种神秘、古怪的感觉。

3.2.3 镜头运动方式的设计与运用

【课堂讨论】

你所熟知的镜头运动方式有哪些？

镜头是短视频的基本组成单位。镜头语言是通过运动镜头的方式来表现的，其应用技巧直接影响短视频的最终效果。

运动镜头是相对于固定镜头而言的，指通过机位、焦距和镜头光轴的运动变化，在不中断拍摄的情况下形成视点、场景空间、画面构图、表现对象的变化，不经过后期剪辑，在镜头内部形成多构图、多元素的组合，其目的是增强画面动感，扩大镜头视野，影响短视频的速度和节奏，赋予画面独特的感情色彩。常见的镜头运动方式有推镜头、拉镜头、摇镜头、移镜头、升降镜头等。

1. 推镜头

推镜头是指镜头由远及近，向被拍摄主体方向移动，逐渐形成近景或特写的镜头。推镜头改变了观众的视线范围，画面由整体慢慢引向局部，突出局部的细节感，还可以制造悬念。

2. 拉镜头

拉镜头与推镜头相反，指镜头向被拍摄主体反方向运动，画面由特写或近景拉起，在镜头后拉的过程中视距变大，观众的视线由细节变为整体，画面逐渐变成全景或远景，常用于表现人物与环境的宏观场面或空间关系。

3. 摇镜头

摇镜头是指拍摄设备的位置保持不动，镜头通过上、下、左、右、斜等方式拍摄主体与环境，给人感觉是从被拍摄主体的一个部位向另一个部位逐渐观看，摇摄全景或者跟着被拍摄主体的移动进行摇摄（跟摇），使观众如同站在原地环顾、打量周围的人或事物。摇镜头主要用来表现事物的逐渐呈现，一个又一个的画面从渐入镜头到渐出镜头，完整展现了整个事物的发展。

例如，要想表现某个人物被眼前的风景所吸引，那么视频画面上一秒是人物的眼睛，下一秒就要接摇镜头，这代表着人物所看到的视角，也表现出了人物的情绪反应，即看到风景后的心情。

甩镜头也属于摇镜头的一种方式，指快速地将镜头拨动，极快地转移到另一个画面，而中间的画面则产生模糊一片的效果。这种拍摄方式可以表现内容的突然过渡，会让观众产生紧张感和紧迫感，常用于逃跑、打斗、紧张地环顾四周等拍摄场景。

4. 移镜头

移镜头是指镜头沿水平方向向各个方向移动拍摄，可以展现各个角度，把运动着的人物和景物交织在一起，产生强烈的动态感和节奏感，表现出各种运动条件下的视觉艺术效果。

跟镜头也属于移镜头的一种方式，不过移镜头一般指镜头保持直线运动，而跟镜头是指镜头跟踪被拍摄主体，方向不定。跟镜头可以全面、详尽地展现被拍摄主体的动作、表情和运动方向，给人一种身临其境的感觉。

5. 升降镜头

升降镜头分为升镜头和降镜头。升镜头是指拍摄设备在升降机上做上升运动所拍摄的画面，可形成俯视拍摄，以显示广阔的空间；降镜头是指拍摄设备在升降机上做下降运动所拍摄的画面，多用于拍摄大场面，营造气势。

升降镜头能够改变镜头视角和画面的空间，带来画面视域的扩展与收缩和镜头视点的连续变化，从而形成多角度、多方位的多构图效果，有利于展现纵深空间中的点面关系，从而渲染画面气氛。

3.2.4 画面构图方式的设计

【课堂讨论】

你所熟知的画面构图方式有哪些？

构图是表现短视频内容的重要因素，拍摄者通过对画框内景物的取舍与光线的运用，使画面起到突出主体、聚焦视线的作用。因此，要想拍摄出理想的画面，首先要熟悉一些常用的短视频画面构图方式。

1. 中心构图法

中心构图法是指将被拍摄主体放置在画面中心进行构图的方法，其优点是主体突出且明确，能够获得左右平衡的画面效果。在使用中心构图法时，被拍摄主体占拍摄画面的比例要大一些，画面背景不能杂乱无章，最好使用画面简洁或者与被拍摄主体区别较大的背景，从而更好地烘托被拍摄主体，加强对被拍摄主体特征的表达，如图3-14所示。

图3-14 中心式构图法

2. 对称构图法

对称构图法，就是画面按照对称轴或对称中心使画面中的景物形成轴对称或中心对称的构图方法，具有稳定、平衡、相呼应的特点，常用于表现对称物体、建筑物或具有特殊风格的物体，可以给人带来一种庄重、肃穆的感觉，如图3-15所示。但对称构图法不适合表现快节奏的内容，有时采用这种构图方式的画面会显得有些呆板、缺少变化。

图3-15　对称构图法

3．二分构图法

二分构图法，就是利用线条把画面分割成上下或者左右两部分的构图方法，在拍摄天空和地面或水面相交时比较常用，如图3-16所示。使用这种构图方式时，可以将地平线或水平线放在画面中间附近，将画面一分为二。

图3-16　二分法构图

4．三分构图法

三分构图法，又分为垂直三分构图法和水平线三分构图法，可以避免画面的对称，增加画面的趣味性，从而减少画面的呆板。在使用三分构图法时，通常是在横向或纵向上将画面划分成分别占1/3和2/3面积的两个区域，将被拍摄主体安排在三分线上，从而使画面主体突出、灵活、生动。

（1）垂直三分构图法

垂直三分构图法是指被拍摄主体垂直于画面左右2/3处的一种构图方法，采用这种方法这会让画面变得更加动感，如图3-17所示。

图3-17 垂直三分构图法

（2）水平线三分构图法

水平线三分构图法是指将整体画面分为上中下三等分的构图方法，将被拍摄主体放置在中间的1/3处，或者上2/3处和下2/3处给人以庄重、宏伟的感觉，如图3-18所示。

图3-18 水平线三分构图法

5. 九宫格构图法

九宫格构图法，就是利用画面中的上、下、左、右四条分割线对画面进行分割，将画面分成相同的九个方格的构图方法。拍摄时将被拍摄主体放置在线条四个交点上，或者放置在线条上，这样拍摄出的画面看起来更和谐，被拍摄主体自然成为观众的视觉中心，并使画面趋于平衡，如图3-19所示。

图3-19　九宫格构图法

目前大多数手机和数码相机都内置有九宫格辅助构图线功能，在拍摄时可以打开该功能。

6．引导线构图法

引导线构图法，就是利用引导线来引导观众的目光，使其汇聚到画面的主要表达对象上的构图方法。采用这种构图方法可以加强画面的纵深感和立体感，比较适合拍摄大场景、远景画面。

采用这种构图方法时，引导线不一定是具体的线条，只要是有方向性的、连续的事物（如流动的溪水、整排的树木、笔直的道路）等均可作为引导线，在拍摄时要注重意境和视觉冲击力的表现，如图3-20所示。

图3-20　引导线构图法

7．框架式构图法

框架构图法，就是用前景景物形成某种具有遮挡感框架的构图方法，采用这种构图方法有利于增强画面的空间深度，将观众的视线引向中景、远景处的被拍摄主体，如图3-21所示。采用这种构图方法会让观众产生一种窥视的感觉，增强画面的神秘感，从而激发观众的观看兴趣。

图3-21　框架式构图法

在采用框架式构图法拍摄短视频时，如果留心观察周边环境，可以找到很多可以用来搭建框架的元素，如门窗、墙上的洞、树丛、栏杆等。一些比较“飘渺”的元素，如雨、雪，甚至非实体的光影都可以充当框架。

需要注意的是，构建框架的景物不能喧宾夺主，因为利用框架的目的是衬托被拍摄主体，如果框架过于繁杂，就会过多地吸引观众的注意力，这就背离了使用这种构图方法的初衷。

3.3　短视频的后期剪辑

3.3.1　常用的短视频后期剪辑工具

【课堂讨论】

你所熟知的短视频后期剪辑工具有哪些?

短视频的后期编辑处理要用到后期编辑工具，利用它们可以对拍摄的短视频进行剪辑，添加转场、字幕、特效等，凸显短视频的专业性和艺术性。下面介绍几种常用的短视频后期编辑工具。

1. Adobe Premiere Pro

Adobe Premiere Pro作为一款流行的PC端非线性视频编辑处理工具，在影视后期、广告制作、电视节目制作等领域有着广泛的应用，同样在短视频编辑与制作领域也是非常重要的工具。Adobe Premiere Pro拥有强大的视频编辑功能，易学且高效，可以发挥用户的创造能力和创作自由度。

2. EDIUS

EDIUS是较为基础的非线性视频编辑软件，常用于制作婚礼视频、会议视频等可以快速剪辑的视频。相比于Adobe Premiere Pro，EDIUS操作简单，容易上手，对电脑的配置要求也比较低，适合新手入门学习。

3. 剪映

剪映是抖音官方推出的一款移动端视频剪辑App，它具有强大的视频剪辑功能，支持视频变速与倒放，利用它用户可以在视频中添加音频、识别字幕、添加贴纸、应用滤镜、使用美颜等，而且它提供了非常丰富的曲库和贴纸资源等。即使是视频制作的初学者，也能利用这款工具制作出自己心仪的视频作品。

4. 爱剪辑

爱剪辑是一款简单实用、功能强大的视频剪辑软件，用户利用它可自由地拼接和剪辑视频，其创新的人性化界面是根据用户的使用习惯、功能需求与审美特点进行设计的。爱剪辑拥有添加字幕、调色、添加相框等剪辑功能，且具有诸多创新功能和影院级特效。

3.3.2 后期剪辑基本原则

【课堂讨论】

你认为后期剪辑的基本原则是什么？

1. 逻辑性原则

后期剪辑的镜头组合要符合常识性的逻辑，表达的内容要明确，可根据观众思维逻辑选择镜头画面，保持视觉的流畅与和谐，在画面组合时，应充分利用画面中主体之间的因果关系、对应关系、矛盾关系以及主体运动节奏的变化，使画面衔接流畅、自然。

2. 视觉连续性原则

连续性剪辑是一种追求镜头之间顺畅连接，剧情连贯的一种剪辑方式，前一个镜头看到的画面是后一个镜头的原因，后一个镜头看到的画面是前一个镜头的结果，观众会把注意力放在故事情节和角色关系上，进而保证了剧情的顺利推进。在选择镜头时，需要决定此刻观众的注意力会在画面的哪个部分。为了创造出更加连贯的剪辑，需要保证在下一个镜头出现时，吸引观众注意力的点和上个镜头的位置比较接近。否则就会产生意外的不连贯。

3. 合适的节奏把控

合适的剪辑节奏能够吸引观众，剪辑时要注意节奏的把控，使得视频的节奏感突出明显，让观众在观看时有一种紧凑而有力的感觉。把握节奏基调，可以结合视频的内容和结构安排，按照事件和情节发展的“轻重缓急”形成有起有落、有度的剪辑节奏。

3.3.3 为短视频添加配乐 / 音

【课堂讨论】

你认为为短视频添加配乐/音需要注意什么？

要想让创作的短视频获得足够高的人气和热度，就要为其配上十分恰当的背景音乐。音乐具有强烈的表达属性，可以迅速与短视频结合起来，背景音乐可以提升短视频的情绪表达效果，让观众的情感与短视频内容融合在一起。

不同类别的短视频体现的主题内容是不同的，所以短视频创作者要采用不同的背景音乐。在为短视频选择背景音乐时，要遵循以下原则。

1. 根据短视频的情感基调选择

短视频创作者在拍摄短视频时，要清楚短视频所要表达的主题和想要传达的情绪，确定短视频的情感基调，以此作为依据来选择背景音乐。

美食类短视频是为了让观众体会到一种轻松自在、心情舒畅的心理感受，所以要选择欢快、愉悦风格的背景音乐，如纯音乐、爵士音乐和流行音乐等。这些类型的音乐与短视频内容相互融合后，不仅会吸引观众观看，还会让其跟随背景音乐捕捉到更多的生活细节。

时尚、美妆类短视频主要面向喜欢潮流和时尚的年轻人，在选择背景音乐时，可以挑选一些节奏较快的音乐，如流行音乐、电子乐、摇滚音乐等。

对于旅行类短视频，短视频创作人员可以根据景色的特点来选择相应的背景音乐，如果景色气势磅礴，应当选择气势恢宏的音乐，或者节奏鲜明的爵士音乐和流行音乐；而对古朴典雅的景色或建筑，可以选择古典音乐；对于文化底蕴较深的景物，可选择轻柔的音乐来渲染气氛，以增强观众的代入感。

搞笑类短视频以剧情为主，恰当地使用背景音乐不仅可以推动剧情发展，还能增强喜剧效果，对于这类短视频，短视频创作人员一般多选用搞怪类别的音乐或者与剧情差异较大的音乐，以突出剧情反转的“笑”果。

2. 背景音乐要配合视频的整体节奏

很多短视频的节奏是由背景音乐来带动的，为了使背景音乐与短视频内容更加契合，后期剪辑时最好按照拍摄的时间顺序对视频进行简单的剪辑，然后分析短视频的节奏，再根据整体的节奏来寻找合适的背景音乐。从整体上来讲，短视频的节奏和音乐匹配度越高，短视频就越吸引人。

3. 背景音乐不能喧宾夺主

背景音乐在短视频中起的是衬托作用，最高境界是让观众感觉不到它的存在，所以背景音乐一定不能喧宾夺主。如果背景音乐过于嘈杂，或者对观众的感染力已经超过短视频本身，就会影响观众对短视频内容的注意力。

4. 选择热门音乐

在遵循以上原则的基础上，要想让短视频获得更多平台的推荐，最好选择热门音乐作为背景音乐。

以抖音平台为例，在发布短视频时，可以在热歌榜中查看当下较受欢迎的各类音乐，找到自己想要使用的背景音乐后点击“使用”按钮即可，如图3-22所示。

图3-22 抖音平台的热歌榜界面

为短视频配音也是制作短视频的重要工作之一，恰到好处的配音可以为短视频锦上添花。常见的配音方式有以下三种。

1. 短视频创作者自己配音

短视频创作者自己为短视频配音时，需要注意以下问题。

（1）尽量使用支架固定话筒，因为手持话筒时难免会出现颤动，这样可能会产生噪声，尤其是在说话时，随着人的情绪变化和表达的需要，手持话筒动作幅度较大时会影响配音效果。

（2）要将话筒置于与人脸平面成30°角以内的位置，并为话筒套一个防风罩，以防在说某个词音量过重时录入爆破音。

（3）消除环境噪声。在配音时不要打开可以发出声响的电器，手机要调成静音模式，旁边有人时不要发出与配音内容无关的声响。

（4）把握好配音内容的基本感情色彩，恰当地停顿和连接，不能让配音内容支离破碎。

2. 请专业团队配音

对很多人来说，配音是一件比较有挑战性的工作，可能会存在很多问题，如普通话不标准，声音不好听，说话时紧张、忘词、卡顿等，这样一来就无法达到理想的配音效果。如果短期内无法克服这些困难，可以考虑请专业团队来进行配音，其收费一般根据配音的难度和时长而定。

3. 使用配音软件

使用配音软件可以很好地规避自己配音的局限性，成本较低，既简单又方便。例如，讯飞快读和讯飞配音就是两款出色的短视频配音工具。

讯飞快读是一款方便、高效、成本低廉的配音小程序，进入该小程序后即可看到四种文字输入方式，如图3-23所示。选择一种方式后，输入文字，选择适合短视频内容的背景音即可。完成以后，点击“保存为MP3”，即可将保存好的音频文件导入视频编辑工具进行合成。

讯飞配音也是一款文字转语音的语音合成配音工具，同时提供真人配音服务，适用于企业宣传片配音、商场店铺广告促销配音、课件PPT和微信公众号配音、有声朗读、影视配音、自媒体配音等多种场景，可以支持多种语言，其界面如图3-24所示。

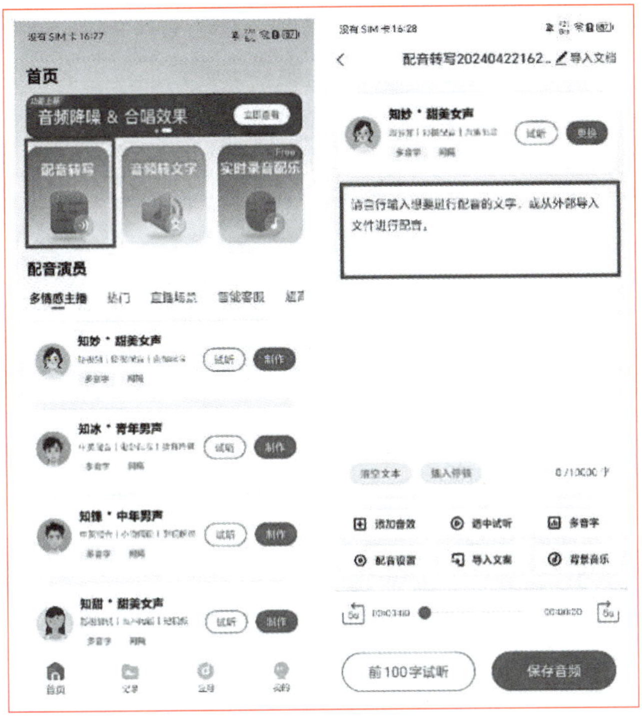

图3-23 讯飞快读

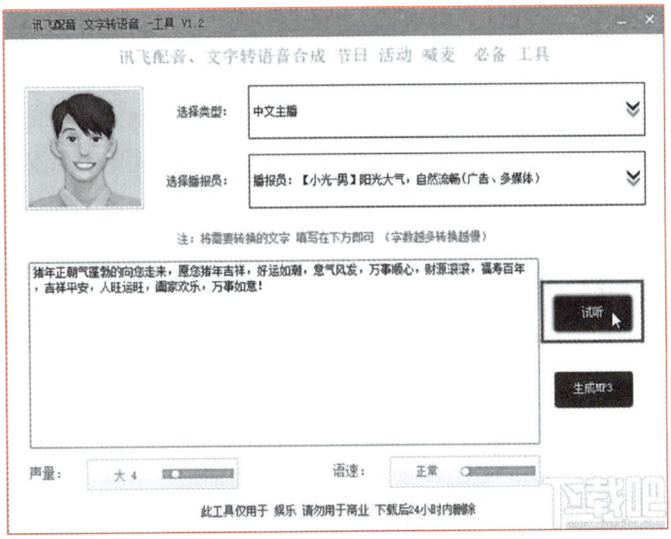

图3-24 讯飞配音

剪映App自带配音功能，在剪映中导入需要的视频素材之后，单击音频→录音选项，然后按住录音按钮进行说话配音后导出即可。也可以输入文本后，选择系统的音色朗读文本。

3.3.4 为短视频添加字幕

【课堂讨论】

你认为为短视频添加字幕需要注意什么？

为短视频添加字幕，能够方便观众了解短视频内容，而带有字幕的短视频成为爆款的概率更高。几乎所有的短视频制作工具都支持添加字幕，在为短视频添加字幕时，要注意以下几点。

1．字幕的颜色一般采用白色，但要避免字幕颜色与背景颜色相近，或为白色字幕添加对比明显的边框，但边框不要太大，以影响美观度。

2．字幕最好不要遮挡短视频画面的主要内容，一般放在短视频画面的正下方。

3．除非要达到幽默搞笑效果的特殊情况，字幕中不要出现错别字。

4．字幕要通顺、流畅，与短视频中人物所说的话要保持一致。

3.3.5 为短视频添加封面

【课堂讨论】

你认为为短视频添加封面要符合哪些要求？

封面又称头图，它是用户第一眼看到的内容，会给用户留下第一印象。人是视觉动物，越好看的事物越容易受人欢迎，而一个好看的短视频封面会让用户打开观看的欲望更加强烈，从而增加短视频的点击率。

设计短视频封面时，要符合以下要求。

1．增加吸引力

广告界有一个著名的“三秒五步法则”，指用户经过一块广告屏需要走5步，用3秒的时间，如果广告没有在这个时间段内吸引用户的眼球，抓住用户的注意力，那么这个广告就是失败的。短视频封面同样如此，如果不能在第一时间吸引用户，就是失败的。

当然，要想吸引用户的眼球，也要讲究一些技巧。人的大脑存在过滤机制，这是一种生理上的自我保护本能，因为如果没有过滤机制，任何信息都可能涌入大脑，大脑就会陷入崩溃。在这种过滤机制下，要想快速抓住用户的注意力，一方面要顺应用户的注意力本能，另一方面要打破用户的机械反应，方法主要有以下几种。

（1）表情夸张。夸张的表情可以传递丰富的情绪信息，与封面中表情平淡的人物图片相比，封面中表情夸张的人物图片更容易引发用户的“吐槽”和互动。

（2）制造对比。对比是打破用户机械反应的有效方法，对比效果越大，就越容易刺激用户点击观看。

（3）引发好奇。好奇心也是人类的一种本能，在好奇心的驱动下，用户大多会产生期待、快乐、欢欣等积极情绪，从而产生进一步行动的动力。

（4）增强戏剧性。戏剧性是人物的内心活动通过外部动作、台词、表情等直观地表现出来，直接诉诸用户的感官。戏剧冲突越激烈，越能刺激用户的大脑，使其产生点击观看的欲望。

2．封面要与内容相关

短视频封面一定要与短视频内容保持一致，具有高度的关联性，这样可以让用户非常清楚地了解短视频的内容。

3. 要有原创性

如今自媒体领域越来越注重原创，各大平台都在大力支持原创内容。封面作为短视频作品的一部分，也要有原创性。在设计短视频封面时，短视频创作者可以选取短视频内容中的某一个画面进行修饰，建立一种独具个性的封面，或者专门设计一个封面图，并打上个人标签，形成个人特色。

4. 无水印字样和广告词汇

水印是指在图片上添加的半透明Logo或图标，可以防止他人盗用图片，同时也可以对图片设计者进行宣传。但是水印会破坏图片的整体观感，影响图片的质量，让用户在浏览时产生不良的体验，所以短视频封面图中不允许有水印。此外，短视频封面中也不能出现广告词汇，否则容易导致短视频无法通过平台审核，或者即使通过审核也无法获得平台推荐。

5. 图片质量要高

短视频封面图一定要完整。如果封面上有文字，要把文字放在最佳展示区域，不要被标题或播放按钮遮挡住。封面的比例要合理、美观，不能存在拉伸变形的情况。通过调整图片的清晰度、亮度和饱和度，用户可以轻松易读，提升用户体验。另外，封面布局要简洁，层次要分明，以便用户能够迅速抓住重点。

3.3.6 为短视频撰写文案

【课堂讨论】

你认为一则优秀的短视频的文案需具备哪些特点?

在短视频平台中，视频才是重心，文案只是“绿叶”，但有时一句极具感染力的文案也可以助推短视频成为爆款。

优质的短视频文案一般具有以下特点。

1. 抓住用户痛点

能够抓住用户痛点的短视频文案可以直击用户的内心，与其建立情感连接，从而提高短视频的完播率，增加互动量。这就要求短视频创作者深入了解目标用户群体，并对其进行用户画像分析，找到其核心需求。

2. 营造场景

短视频文案要构建具体化的场景。例如，要想在短视频中展现一款香水产品，就要营造该产品的使用场景，如约会、上班、聚会、旅行等，这样用户就能直观地了解香水的特性。

3. 描述细节

描述细节可以让短视频更具感染力，同时用户也可以根据文案联想到更多的信息，增强其对短视频的好奇心。

4. 引导用户

短视频创作者要撰写具有引导力的短视频文案，增强用户对短视频内容的期待，使其迫不及待地打开短视频进行观看。

5. 通俗易懂

具有一定传播影响力的短视频，其文案一定通俗易懂，能够让用户快速了解短视频的主题内容。

在短视频领域，常用的文案类型有以下几种。

1. 互动类

互动类文案以疑问句、反问句居多，且多是开放式问题，如“你觉得这个怎么样？”“你还想知道什么吗？”“我这样做对不对？请给我评论留言”等，采用互动类的文案，可以增加短视频的完播率和评论率。

2. 叙述类

这种类型的文案大多会为用户呈现一个富有画面感的场景，如“被互联网大厂辞去第十天，我在摆摊”，这样的表述能够为用户呈现了一个很有画面感的场景，使其仿佛置身其中，很容易产生情感共鸣。

3. 悬念类

很多搞笑类的短视频往往会在最后设置反转情节，所以短视频创作者在为这类短视频撰写文案时要留有悬念。从而使用户在短视频中停留更多的时间，如“一定要看到最后”。

4. “段子”类

短视频创作者可以把网上很火的“段子”放到文案中，从而吸引用户持续地看下去，或者吸引其进行互动。

5. 正能量类

这种类型的文案以励志、同情、真情、善举居多，如“打工成为CEO，一名90后女孩的逆袭故事”。很多用户都希望通过阅读提升自己，阅读习惯不好的用户看到这条短视频以后觉得自己也能做到，就会一直看下去，看短视频中的人物用了什么方法，如果方法适合自己，用户就会持续关注。

项目实施

任务 3.1 准备短视频拍摄器材清单

通过完成此任务，学生能够明晰短视频拍摄所需器材。

步骤 1：明确短视频拍摄器材有哪些。

步骤 2：列举短视频拍摄器材清单。

任务 3.2 制作一则短视频并填写视频分析清单

通过完成此任务，学生能够掌握短视频拍摄与剪辑的具体流程与环节。

步骤 1：明确短视频拍摄与制作的具体环节与注意事项。

步骤 2：根据要求制作一则短视频。

步骤 3：填写视频分析清单。

项目小结

根据本项目的要求，在基础理论上，学生首先要熟知常见的短视频拍摄设备、灯光设备与辅助设备；其次，应掌握短视频的拍摄技巧，包括画面景别、光线位置、镜头运动方式与画面构图等；除此，学生对短视频的后期剪辑工具、后期剪辑的原则以及后期剪辑的几个环节如配音/乐、添加字幕、添加封面、文案写作等注意事项与具体要求要熟练掌握；在实践操作中，学生要做到学以致用，将基础理论知识运用到实践中，最终达到能够独立拍摄与剪辑短视频。

知识巩固

一、单选题

1. 下列不属于视频剪辑软件的是（　　）。

A. Adobe Premiere Pro　B. 爱剪辑　C. PowerPoint　D. 剪映

2. 下列不属于短视频拍摄辅助器材的是（　　）。

A. 三脚架　B. 稳定器　C. 单反相机　D. 话筒

3. 最适合表现人物表情、内心的景别是（　　）。

A. 全景　B. 中景　C. 近景　D. 特写

4. （　　）中环境范围由小变大。

A. 推镜头　B. 拉镜头　C. 摇镜头　D. 跟镜头

5. 所谓空镜头是指画面中没有（　　）的镜头。

A. 人物　B. 景物　C. 动物　D. 情绪

二、填空题

1. 推镜头是指镜头________，向被拍摄主体方向移动，逐渐形成近景或特写的镜头。

2. 中心构图法是指将被拍摄主体放置在________进行构图的方法，其优点是主体突出且明确，能够获得左右平衡的画面效果。

三、简答题

1. 简述短视频画面景别的类型与运用方法。

2. 简述短视频镜头运动方式的类型与运用方法。

3. 简述短视频画面构图的主要方式。

4. 简述短视频画面转场的主要类型。

拓展任务

以小组为单位，以“连接”为主题，拍摄并剪辑完成一则时长1分钟以内的短视频，要求用到远景、全景、中景、近景、特写景别；推镜头、拉镜头、摇镜头、移镜头4个镜头运动方式；中心构图法、对称构图法、二分构图法这3种构图法。

项目测评

学习成果达成与测评

<table>
<tr><td>学号</td><td></td><td>姓名</td><td></td><td>项目序号</td><td></td><td>项目名称</td><td>短视频拍摄与剪辑</td><td>学时</td><td>6</td><td>学分</td><td>0.6</td></tr>
<tr><td>职业技能等级</td><td colspan="2">中级</td><td colspan="3">职业能力</td><td colspan="4"></td><td>子任务数</td><td>3个</td></tr>
<tr><td>序号</td><td colspan="3">评价内容</td><td colspan="7">评价标准</td><td>分数</td></tr>
<tr><td>1</td><td colspan="3">短视频拍摄设备</td><td colspan="7">能够熟悉短视频制作所用的各项拍摄设备、灯光设备和辅助设备</td><td></td></tr>
<tr><td>2</td><td colspan="3">拍摄技巧</td><td colspan="7">能够运用景别、光线、镜头运动和画面构图技巧进行短视频创作</td><td></td></tr>
<tr><td>3</td><td colspan="3">短视频制作</td><td colspan="7">能够独立利用剪辑工具对短视频进行后期剪辑制作</td><td></td></tr>
<tr><td rowspan="2">考核评价</td><td colspan="10">项目整体分数（每项评价内容分值为1分）</td><td></td></tr>
<tr><td colspan="11">指导教师评语</td></tr>
<tr><td>备注</td><td colspan="11">奖励：
1．按照完成质量给予1～10分奖励，额外加分不超过5分。
2．每超额完成1个任务，额外加分3分。
3．巩固提升任务完成优秀，额外加分2分。
惩罚：
1．完成任务超过规定时间扣2分。
2．完成任务有缺项每项扣2分。
3．任务实施报告编写歪曲事实，个人杜撰或有抄袭内容不予评分。</td></tr>
</table>

学习成果实施报告书

题目					
班级		姓名		学号	
任务实施报告					
请简要记述学习过程中完成的各项任务，描述任务规划以及实施过程，遇到的重难点以及解决过程，总结不同类型爆款短视频的属性等。					
考核评价（按10分制）					
教师评语：			态度分数		
			工作量分数		
考评规则					
工作量考核标准： 1．任务完成及时。 2．操作规范。 3．实施报告书内容真实可靠，条理清晰，文本流畅，逻辑性强。 4．没有完成工作量，扣1分，故意抄袭实施报告扣5分。					

项目4 短视频运营

学习目标

【知识目标】

◎ 掌握专题内容设计框架要素；

◎ 熟悉专题封面和海报的设计要点；

◎ 掌握AARRR模型五环节；

◎ 熟悉数据分析的方法。

【能力目标】

◎ 能够撰写一则完整的专题内容策划方案；

◎ 能够利用AARRR模型，对短视频行业的典型案例进行分析；

◎ 能够学会查阅主流短视频平台创作者服务中心的数据，并对自身账号做出优化。

【素质目标】

◎ 能够运用网络资源，提出新颖的专题内容策划方案；

◎ 能够借用第三方平台的数据库，对数据进行筛选和分析；

◎ 具备团队协作能力，能够协同他人共同完成项目实施。

项目概述

【情境描述】

晓慕所在的学校即将迎来50周年校庆，学校的新媒体运营团队计划策划一个校庆专题，让更多的校友能够在新媒体平台上参与到母校的庆生活动中，晓慕想借助所学内容和同班同学一起设计出一份短视频平台上的校庆活动方案。

【场景案例】

超60%的运营者月薪超过八千

根据运营研究社发布的调查报告来看，运营岗位越来越受社会追捧，超60%的运营者月薪超过八千。目前，运营从业者主要聚集在北京、上海、广州、深圳、杭州、成都。

虽然运营岗位的薪资比较高，但是市场对从业人员的要求比较高。一名优秀的运营人员是一个复合型人才，要懂市场、懂渠道、懂用户、懂产品、懂策划、懂文案、懂数据、懂生活、懂审美等。

从2022～2023年的市场需求反馈来看，短视频运营人才缺口比较大。一般来说，短视频运营岗位的主要职责是：围绕短视频内容产品展开内容制作和活动策划，提高短视频的用户触达率和用户参与度，提升短视频内容IP本身的知名度，能够获取和沉淀线上的用户量，完成品牌价值、用户以及市场占有率的三重增长。对于短视频运营者来说，要努力提升内容生产与策划、用户运营、数据分析等核心能力。

知识准备

对于短视频运营者来说，掌握内容运营、用户运营、具备数据思维是需要提升完善的核心能力。本项目将从内容运营、用户运营、数据分析三个方面解释短视频运营的逻辑。

4.1 内容运营

内容是运营的核心，在内容运营中，专题内容是最容易引起传播裂变效应，提升用户认知度的形式。一个成功的内容专题不仅可以让用户参与其中，形成声势浩大的传播链条，还可以实现用户的沉淀提高运营效率。

短视频内容运营分为专题内容策划、专题内容执行、专题内容推广与引流、专题数据统计与内容优化四个环节。

4.1.1 专题内容策划

专题内容策划阶段首要解决的问题就是确定选题。为了获取更大的曝光量，选题往往来自热点。但是每天都有大量的热点事件，因此寻找合适的热点成为运营工作选题策划的主要工作。

对于运营者来说，“合适”的热点一定是与账号运营领域或标签相关的事件；是垂直行业的大事件；是有强社会影响力的人或事件。例如，“跳健美操爆火”这一热点，对于健身领域的短视频账号来说，在做选题时就符合上文所说的“合适”。

4.1.2 专题内容执行

三分策划，七分执行。专题内容的落地执行往往是一个多部门进行协作的系统工程，需要设计、运营、文案策划、商务、前端开放部门等同时参与进来。

1. 专题上线步骤与流程

（1）前期工作。一般情况下，由文案策划撰写内容脚本，设计人员负责制作海报与专题封面，运营则对专题内容和海报进行确认、商务负责对接确定发布时间。

（2）上线时间。专题内容上线前，一般先邀请达人或领域大V进行内测，根据内测的反馈意见和建议进行修改和调整，最后才会正式上线。

（3）监测数据。专题内容上线后，运营要及时关注流量和舆论。如果出现问题，需要对内容进行说明和调整。

2. 专题封面与活动海报设计要点

专题封面和活动海报是吸引用户参与的重要因素，为了增强阅读性和可传播性，封面和活动海报设计要点主要包括文字、背景、色彩、布局。

（1）文字。专题活动的主题一般以标题文字的形式展示，文字通常使用黑体、宋体等辨识度高的字体，或者使用异形字，添加设计元素，使其更具艺术感。如图4-1所示。

图4-1 异形字示例

（2）背景。图片背景是为了衬托文字标题，主要包括底图、配图、字体框等，如图4-2所示的“书籍”手绘元素，与主题“好书大晒”相得益彰。

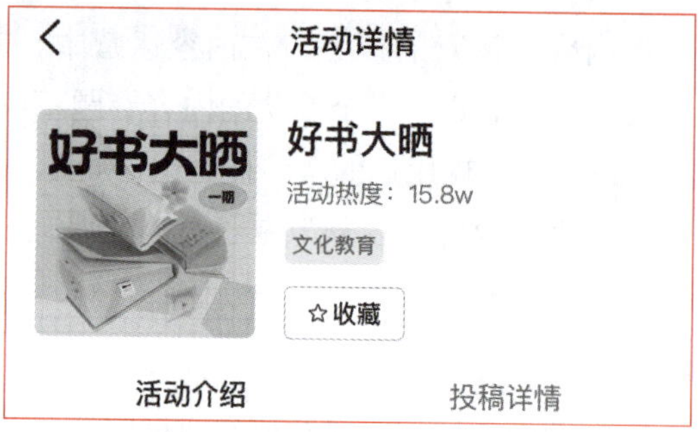

图4-2 “好书大晒”活动头图

（3）色彩。背景图和标题文字可以选用同色系营造和谐统一的效果，也可以通过对比色和互补色来打造强烈的对比效果，但配色切忌繁杂。

（4）布局。封面布局没有固定的布局模式，只要清楚传递主题信息，能够让用户赏心悦目即可。

4.1.3 专题内容推广与引流

专题内容上线后不仅要增加曝光量，同时还要引导观众将公域、他域的流量引导到私域。

1. 内容推广与引流的概念

内容推广与引流是两个不同的概念。推广是指通过各种形式和手段将内容在各个平台传播出去的宣传行为；引流是引导用户到指定的平台或内容上的行为。一般情况下，推广工作做的越扎实充分，引流才会水到渠成。

2. 内容推广与引流的方法

内容是推广引流增粉的必备要件，优质内容的引流效果往往事半功倍。因此，打造优质内容是内容运营工作的重心。常见的推广引流方法有互推引流、多渠道推广引流等。

（1）互推引流

互推引流是以大号带小号或者矩阵账号的形式相互引流。以抖音为例，推出的“共创”玩法，就是典型的以“合拍”的形式引流。需要提醒的是，采用大号带小号的共创推广引流的账号，每一个账号最好只专注一个领域，越垂直账号价值越大。

除此之外，做矩阵也能获取更多的流量，做矩阵引流比较成功的案例之一就是“樊登读书”。在抖音平台搜索“樊登读书”后，会出现各种樊登读书蓝V账号，粉丝数从几千到几百万都有，粉丝最多的单个账号大概有900多万粉丝，如图4-3所示。

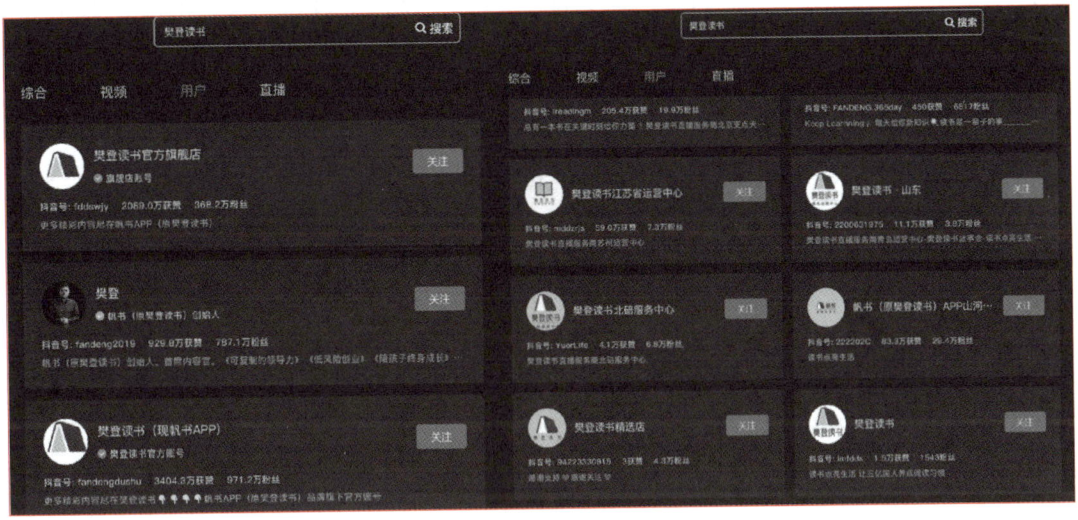

图4-3 樊登读书的矩阵引流

特别注意的是，采用矩阵运营实现引流，不仅要求运营团队有很高的批量生产能力，而且矩阵账号定位要与主账号有相关性，同时各个账号还需要打造细分领域和垂直定位，只有账号之间有可以相互联系的特点才能实现相互导流。

（2）多渠道推广引流

主平台的流量稳定之后可以进行全网传播，将内容同步到多个视频平台，带动全网粉丝量的增长。在选择发布平台时，优先选择流量大的平台，比如抖音、快手、微信视频号、哔哩哔哩、小红书等，同时要根据账号内容粉丝群体的定位，再采用不同的粉丝群体互动方式，做好粉丝维护。

4.1.4 专题数据统计与内容优化

专题内容的数据统计包括用户画像数据统计、内容数据统计、渠道数据统计分析。

用户画像数据统计，主要是指依据用户的喜好行为进行分析。例如分析用户的基本属性、内容偏好等。准确了解用户的喜好，及时输出用户感兴趣的内容，才能对专题的数据提升有帮助。

内容数据统计，主要是统计内容生成的一些基础数据，通过对这些数据进行分析，可以实现后期内容生产的优化，收获更好的传播效果。

渠道数据统计分析，主要是指第三方平台的数据分析，这些平台往往可以实时查询专题内容的搜索与排名，时刻监测运营数据的变化。

4.2 用户运营

用户运营是指以用户为中心来设置运营活动与规则，制定运营战略与运营目标，严格控制实施过程与结果，以达到预期所设置的目标与任务。简言之，用户运营就是以用户为核心，满足用户需求，把用户当成朋友，构建共同价值观。

用户运营不仅有利于短期目标的达成，例如获得用户的口碑推荐；而且有利于长期间接目标的实现，例如配合品牌营销，建立品牌文化。虽然不同企业或品牌的内容运营工作重心不同，但是在流量获取成本愈发高昂的当下，用户运营的具体工作包括拉新、促活、留存、转化、推介五个环节上，即AARRR模型，如图4-4所示。

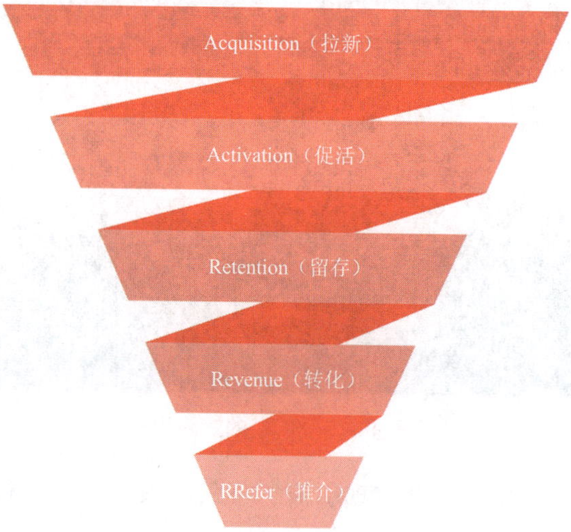

图4-4　AARRR模型

4.2.1　拉新

拉新就是获得新用户，实现用户增长。所谓的拉新获客就是邀请新用户注册或入群，这是用户运营的第一环节。常见的拉新获客方式有线下地推、付费广告、资源互换互推、新媒体（内容）运营、搜索引擎优化、口碑传播、KOL推荐、预装机、裂变等九种方式。

在实际的用户运营工作中，要根据用户画像、品牌属性、产品特性来匹配具体的拉新方式。例如用户群体是中老年群体，他们对新媒体的使用还不是很熟练，运营者往往采用预装机和线下地推的方式拉新；对于大学生群体，则往往采用口碑传播、KOL推荐的方式拉新。本节重点介绍口碑传播、KOL推荐和裂变三种拉新方式。

1．口碑传播

口碑传播属于人际传播的范畴，是用户在消费过程中获得了满足感和荣誉感后形成的自发宣传的传播行为。只有客户需求得到了满足，用户才会自发自愿地去传播。因此，口碑被视为当今世界最廉价的信息传播工具和高可信度的宣传媒介，几乎是零成本的拉新方式。

在移动互联网时代，每个用户就是一个传播节点，利用口碑传播首先要明确用户范围，进而从中选取第一批种子用户，通过对这批种子用户的使用数据进行分析，优化产品和内容，有利于口碑扩散。

2．KOL推荐

KOL即关键意见领袖（key opinion leader），他们在擅长的领域里拥有更多、更专业的信息，平日他们可能通过社交平台如微博、微信公众号、短视频平台等经营自己的专业内容，粉丝往往因为KOL的专业性而追随、信任。因此邀请KOL为企业或品牌进行推荐，容易让粉丝爱屋及乌，成为企业或品牌的新用户。

3. 裂变

裂变是生物学术语，裂变这一拉新方式可以形象地表达为用户的增长就像细胞的分裂一般，呈现指数级增长。通过裂变产生的新用户，他们的分享欲望往往比较强烈，虽然裂变与口碑传播相似，但是裂变主要靠老用户分享带来新用户。

4.2.2 促活

用户的留存是实现促活的基础，因此提高促活率的第一步要先将造成用户留存低的问题找出来。

要想提高用户活跃度，就需要对用户进行分类精细化运营、不断持续更新优化功能和内容，产品功能要做到不断推陈出新，持续提升用户体验。

激励回馈也是提高用户活跃度的方法。用户通过完成任务获取奖励，或者根据游戏规则参与抽奖等，只要用户能够收获实在的利益，用户留存活跃的概率就越大。

4.2.3 留存

新用户拉进来以后，用户能够不流失，长期与运营者建立联系，就会对企业或品牌的业务越有价值。

用户留存分为初始留存、中期留存和后期留存三个阶段。在初始阶段，可以通过一系列活动把用户留住，并让他们了解到关注或注册后的价值。在中期留存阶段，则要让用户能够逐渐养成使用习惯，比如签到、定期活动等。后期阶段运营则要时刻关注用户需求和市场竞争方向，保持创新和优化。

4.2.4 转化

转化，通俗地讲就是让用户消费买单，如果没有转化就没有盈利，整个经营活动就难以持续。但是如果为了转化，采用生硬的利益诱导，极易引起用户的反感，不利于延长用户的生命周期。相反，为了提高转化率运营要有长远意识，将用户当作朋友。

4.2.5 推介

推介是用户的自传播，这个环节可以理解为病毒式营销，是用户在有了人之后自发进行口碑传播。自传播的数据指标是K因子（推荐系数）。K=每个用户向朋友们发出的邀请数量*收到邀请的人转化为新用户的转化率。如果K>1，用户群就会不断增加；如果K<1，用户群就会逐步停止增长。

4.3 数据分析

数据思维是一种综合性思维，数据思维强大的运营者更重视事实，他们能够根据数据分析发生了什么，为什么会发生，并且找寻发展的规律。运营者一般会对领域类账号和单条视频进行数据分析，再将分析结果用于下次短视频的内容制作和推广中，为自己争取更多的机会。

4.3.1 数据分析作用

运营者要培养数据思维，重视数据分析，提升数据分析的质量，保障数据的精准度。短视频数据分析作用主要有以下几个方面。

1. 明确账号定位

在短视频账号运营初期，往往会定位不准确。运营者可以通过对短视频市场发展情况、用户喜好、平台扶持政策的分析，指导账号的精准垂直定位。

2. 优化短视频内容创作方向

对于运营者来说，数据分析有助于提升选题策划能力和追热点的能力。通过数据发现和总结用户对哪些短视频感兴趣，哪些话题是用户当前最关心的，进而优化短视频内容创作方向，以便更好地迎合用户需求，实现短视频的持续稳定产出。

3. 确定运营工作重心

通过对数据分析后，确定运营工作重心，能够实现资源的合理分配。例如，在做专题内容推广上，如何分配推广资源实现运营效果的最大化。运营者需要判断，是把资源平均分布在全网各大流量平台上，还是重点投放某个短视频平台。

4. 优化短视频内容创作

确定了内容创作方向后，运营者还需要通过对自身短视频数据分析和对标账号的数据进行分析，优化具体的短视频内容创作，包括优化短视频的选题、标题文案的撰写、封面图的选择、拍摄技巧、后期剪辑、字幕设计等。

5. 用户发布时间

短视频运营者可以通过数据分析，判断哪些时间段属于用户浏览内容的高峰，分析不同平台、不同领域、不同内容、不同用户级群体的短视频消费行为习惯，从而优化自己的发布时间，以便获得更高的播放量。以抖音为例，在流量高峰期发布视频，意味着视频的播放量、点赞量、评论量、转发量可能会越大，获得流量加持的机会就越多。

一般来说，周末被视为有全天候流量，而日常工作日常见的三个流量高峰是：早上7点到10点，这一阶段往往是早晨起床、通勤，手机作为伴随式的娱乐工具被有效利用；第二个高峰期是傍晚5点到7点。此时处于下班、通勤或聚会时间，手机被使用的概率也比较高；第三个高峰期是晚上10点到凌晨一点。对于现代人来说，睡眠被严重剥夺，大多数人认为唯有晚上的时间才是自己的时间，手机是重要的放松休闲的工具。

4.3.2 数据分析工具

要想开展数据分析，首先要知道去哪里可以获取数据。一般来说，短视频创作者可以查阅自己的账号后台获取数据，也可以通过第三方数据分析工具分析数据。下面简单介绍几种比较实用的数据分析工具。

1. 飞瓜数据

飞瓜数据是西瓜文化传播有限公司旗下产品，提供全网抖音潜质爆款素材、各类排行榜、视频流量监控及多号矩阵管理功能，可以查询包括抖音、快手、哔哩哔哩、微视、秒拍等主流短视频平台数据，功能比较全面，目前比较重视电商行业的数据，对电商群体非常有价值。但是免费功能有限，因此对数据丰富性要求特别高的、有较高预算的，可以选择飞瓜数据。

2. 蝉妈妈

蝉妈妈数据丰富性一般，但小时级数据反映了大盘上的人群热度及直播带货竞争程度和变化趋势，而且蝉妈妈将用户行为趋势进行了可视化处理，较易观察。运营者可以借用可视化的数据，选择相对高热度低竞争时段开展内容传播。除了提供数字分析产品外，该平台还提供诸如直播电商选品、电商资讯学习等服务。

3. 新榜

新榜是一个综合性的平台，它的突出优势就是采用可视化的方式展示数据，颜色搭配让人舒适。免费功能提供各平台的TOP账号榜单查询功能，分为日榜、周榜和月榜，可以从一定程度上分析受众的喜好趋势变化。付费的功能涵盖数据服务、运营增长、内容营销、版权分发等方面，是目前自媒体行业主流的分析工具之一。

除了以上数据分析工具，市场上还有很多分析工具如清博大数据、新抖、抖查查、卡思数据、乐观数据、灰豚数据等。短视频运营者可以利用这些工具搜集分析数据。

4.3.3 数据分析方向

【课堂讨论】

1. 至少说出5个抖音、快手上的热门细分领域。
2. 预测下一个可能会成为热门的领域，并说出理由。

1. 分析领域数据

运营者在分析细分领域时需要重点考虑领域范围大小、竞争指数、发展潜力等要素。

（1）领域范围

领域范围大小是指该领域聚集了多少创作者，领域范围越大，意味着受众面越广，如搞笑类、美食类等领域。但是这并不意味狭窄领域不出爆款，因此更加需要运营者在工作时把握投入和产出比。

（2）竞争指数

一般情况下，竞争者数量是衡量竞争压力的显著指标。例如，A领域有50个竞争对手，而B领域有500个竞争对手，那么B领域的竞争压力明显大于A领域。需要提醒的是，竞争压力较小的领域有可能是不成熟的市场，用户接受度不高，因此入局者就需要承担起先期培养用户的责任，付出的时间和金钱成本比较大。

（3）内容创作难度

竞争比较激烈的领域对创作者的创新能力、作品的持续生产能力要求也会更高。而一些非常小众领域的竞争压力小，也可能是因为内容创作难度大，入局门槛高，如剧情类短视频、特效类短视频等。因此，运营者需要对自身的创作能力有清晰的认知。

（4）发展潜力

运营者在准备进入一个领域时要对该领域的发展潜力做出大致的判断。最为高效的办法就是关注该领域头部账号的动向。一般情况下，头部账号的点赞数量、评论数量的数据比较稳定。但是如果这些数据出现反常，或者关注的头部账号做了账号简介更改、创作内容也与前期不相同，这些都需要引起运营者的关注。

2. 分析单条数据

关注领域数据固然重要，但是运营者日常的头等工作是关注自身的账号数据，并制定优化运营的方案。常用的短视频数据分析指标包括固有数据指标、基础数据指标和关联数据指标三类。

（1）固有数据指标

固有数据指标是指短视频时长、短视频发布时间、短视频发布渠道等与短视频相关的数据指标。对于全网多渠道发布的运营者来说，每个平台的特性不同，因此应该注重对固有数据指标进行跟踪（见表4-1），为后期的视频发布提供优化策略。

表4-1 固有数据指标跟踪

短视频内容主题			
视频时长			
发布平台		发布时间	是否首发
	抖音		
	快手		
	视频号		
	……		

（2）基础数据指标

一条视频是否受用户欢迎，可以直观地通过播放量、点赞量、评论量、转发量、收藏量来体现。

① 播放量。播放量是某条短视频内容被用户观看的次数，是衡量用户观看行为的重要指标。短视频播放量越高，意味着越契合用户的观看心理。

② 点赞量。短视频被用户点赞的次数越高，意味着短视频越被用户喜欢。同时，用户的点赞数量也会影响用户的播放量。以抖音的算法推荐机制为例，短视频被越多人点赞，越容易被推荐到更大的流量池，被用户观看到的机会越大。

③ 评论量。短视频被用户评论的次数越多，说明该条视频触动了用户的情绪，引起了共鸣，或是该条视频具备一定的争议性，使得持有不同观点的人相互讨论。分析短视频的评论量以及评论内容，还有利于运营者制定内容选题。

④ 转发量。短视频被用户转发的次数越多，所获得的曝光机会也就越多，越容易达到裂变式的传播效果。转发量高的作品往往是内容质量比较高或者话题热度比较高。

⑤ 收藏量。短视频被用户收藏的次数，反映用户对短视频内容的喜爱程度。一般来说，用户收藏的内容往往是对自己有用的视频，因此短视频越多被收藏，越意味着短视频的实用价值高。

（3）关联数据指标

关联数据是指由两个基础数据相互作用而产生的数据。例如完播率、互动指数等，一般在账号的管理后台，都会提供相关分析。

短视频完播率是指视频的播放完成率，即所有观看这个作品的用户中，有多少人是100%看完这条视频。例如，1 000个人中，有600个看完了这个视频，完播率就是60%。

可以用公式表述为：

$$完播率 = 看完视频用户数 \div 点击观看视频用户数 \times 100\%$$

为了提高短视频的完播率，短视频的开头要能够快速切入，吸引用户；短视频还需要注意配乐，多用抖音热度较高的配乐。如果跳出率过高，说明视频标题、封面与内容差距太大，不符合用户的点击预期。

互动指数主要指的是用户的评论互动意愿。为了提高互动指数，常用的运营技巧有：在短视频里进行预热和提问；在短视频中有意出现bug等待用户提出；三是在评论区进行有趣的评论预埋。

4.3.4　数据分析方法

获取数据后就需要对数据进行分析。常用的分析方法有对比分析法、分类法、特殊事件法。

1. 对比分析法

对比分析是指将两个或两个以上的数据进行对比，分析数据之间的差异，从而揭示背后隐藏的规律。对比分析包括同一账号的不同时期的数据对比，也包括同类账号之间的数据对比。

（1）同比：一般情况下是指本期数据水平与前一年同期水平之比。例如，今年4月短视频基础数据与去年4月短视频基础数据之比。

（2）环比：指的是与同期的统计阶段做对比，与同比不同的是，环比是连续的。例如，2023年3月与2023年2月的数据对比就是环比。

（3）定基比：是指报告的数据水平与某一固定时期水平之比。例如，如果将2022年6月作为基点，那么2022年11月与2022年6月比就是定基比。

对于运营者而言，通过对比分析数据，其实就是找异常数据。比如某短视频账号平均阅读量在3 000，粉丝增长在几十位，但是某条视频阅读量达到10万多，粉丝增长破万。那么阅读量和新增粉丝增长与过去数据对比，就出现了显著异常。运营通过对数据去分析，查找原因，以便指导内容创作的优化。

2. 分类法

分类是一种基本的数据分析方法，根据数据特点，可将数据对象划分为不同的部分和类型，通过分类能够进一步挖掘事物的本质。例如一组用户数据，可以将其分类到用户属性和特征分析、用户满意度分析、用户购买趋势预测、用户行为分析等维度。这种数据分析方法有利于运营有的放矢开展用户运营。

3. 特殊事件法

很多短视频数据出现异常可能与某个特殊事件相关，例如短视频账号博主发布的新官宣、账号简介变更、创作内容风格发生变化等。特殊事件类似分水岭，运营需要对特殊事件进行标记，找到数据变化与特殊事件之间的关系。

思政园地

因为李子柒，数百万外国人爱上中国

2022年6月，成都非物质文化推广大使李子柒当选2021年“中国非遗年度人物”。李子柒是以中式田园风格为主的中国内地美食短视频创作者。在国内李子柒家喻户晓，其实早在2018年，她的原创短视频在海外运营三个月后便获得YouTube银牌奖。2021年2月2日，吉尼斯世界纪录发文宣布，李子柒以1 410万的YouTube关注量刷新了由其创下的“YouTube中文频道最多订阅量”的吉尼斯世界纪录，成为国外网友了解中国的窗口。

作为有广泛海内外影响力的短视频制作者，李子柒自觉承担起了中华优秀传统文化的传播使命，不仅认真了解非遗项目，而且学习和传承传统技艺，在她的视频里有古法造墨、活字印刷、精美蜀绣、养蚕、缫丝、刺绣、竹艺、木工等传统技艺。在接受采访的时候，她说有些视频要拍8个月，因为要先去学习，通过身体力行的传承行动，李子柒不仅激励了无数中国人，而且也被央视点名表扬，是“讲好中国故事”的参考样本，为中国故事的书写和传播提供了一个生动鲜活的案例。

目前李子柒的海外关注用户高达千万。国外网友在视频下评论甚多，有的网友对中国美食产生浓厚的兴趣，表达“想吃中国菜”“中国菜很美味”，有的网友对视频中的中国农村日常劳动生活用具产生强烈的好奇，他们向往着视频中呈现的田园风光、诱人美食、亲情伦理，纷纷表示“想去中国旅游”。

项目实施

任务 4.1　撰写用户运营分析报告

步骤 1：分别下载抖音、快手、视频号、哔哩哔哩 App，并注册账号。

步骤 2：记录各个平台的获客方式。

步骤 3：在以上各个平台发布内容，记录各平台对创作者的弹窗信息和通知信息。

步骤 4：根据自身的用户体验，利用 AARRR 模型分析以上各平台的用户运营策略差异，并撰写用户运营分析报告。

任务 4.2　撰写短视频数据分析报告

步骤 1：以小组为单位，发布短视频，并记录初始数据。

步骤 2：跟踪一周该条短视频的数据发展。

步骤 3：查阅本小组账号类型短视频的历史数据和对标账号的视频数据。

步骤 4：撰写数据分析报告表（见表 4-2），要求数据清晰、结论有力、后期内容优化的建议可行。

表4-2 短视频数据分析报告

分析项目	具体内容
分析目的	
分析方法	
数据呈现	
研究结论	
内容优化建议	

项目小结

根据本项目的要求，重点介绍了短视频运营中的内容运营、用户运营和数据分析。其中内容运营中最为常见的是专题内容，从策划、执行、推广到数据统计与内容优化，系统全面地梳理了专题内容创作流程；用户运营则对AARRR模型的具体操作方法进行了介绍；除此之外，运营还需要具备数据思维，因此从数据分析的意义出发，本项目介绍了数据分析的工具、分析的方向、分析的方法，这些内容有利于学生对短视频运营有全景式的把控。

在掌握了这些基础知识后，学生通过分析当前主流短视频平台的用户运营策略，提高了学生对用户运营的理性认识；通过对自己短视频作品的数据追踪，查阅短视频的后台数据，有利于养成学生的数据意识。

拓展知识

专题内容方案的策划方法

简单来说，专题内容方案的策划方法分为设计专题框架、填充内容细节两个内容。

一、设计专题框架

在制作专题内容方案时，运营者要利用框架思维，即搭建起达成运营目标的脚手架，将一个大问题拆分成若干具体的小问题，逐一攻克。下面以抖音短视频为例进行拆解。

抖音短视频的专题内容多是由抖音平台与企业或品牌联合发起话题，让更多的用户参与进来创作，如图4-5所示。短视频专题内容策划一般分为活动介绍、活动流程、活动奖励、参与方式、拍摄示范、报名表填写等六个部分。

1. 活动介绍

活动介绍是吸引用户参与拍摄的详细资料说明，应包括活动名称、活动时间、活动主题、活动形式、主办方等。

2. 活动流程

活动流程一般是指活动开展的过程，包括提交报名表时间、内容审核时间、活动开始和截止时间等。

3．活动奖励

活动奖励是指参与活动能够带给用户带来什么收益。一般在抖音短视频常见的奖励方式为有流量扶持、DOU+奖励、实物奖励、资源合作奖励等。

4．参与方式

参与方式是指该活动的具体玩法，包括内容创作方向说明、话题说明、使用特效说明等。

5．拍摄示范

拍摄示范即由内部工作人员拍摄一些示范视频供创作参考。

6．报名表填写

报名表是用于收集参与用户的资料，一般包括抖音昵称、抖音号等。

二、填充内容细节

当确定了专题内容的框架后，就需要往其中填充具体的细节内容。填充内容一般分为纵向填充和横向填充。

纵向填充是按照时间线来策划一系列活动内容，运营者可以根据全年的运营日历，结合平台推出的活动，进行提前抢占话题，造势发布。

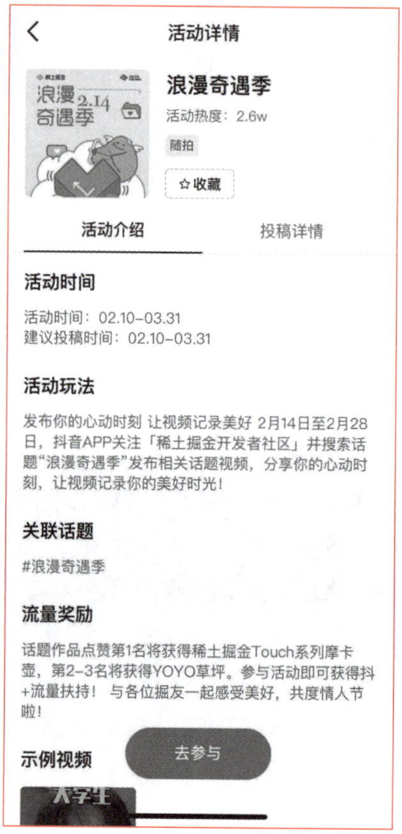

图4-5　抖音平台与稀土掘金联合发起的“浪漫奇遇季”活动

横向填充是指以内容为中心去延伸从而发现更多的内容。横向填充也可以根据主话题，进行子话题的延伸，从而丰富活动的内容。例如“时尚百万新星计划”是抖音时尚领域板块输出的专题内容，推出三期就成为时尚领域的重量级活动，话题累计播放次数达100多亿次。于是，又在该活动之下，开设了“#春日樱花妆#”等快闪话题。

知识巩固

一、单选题

1．假设有500人点击短视频，只有20人完整观看了，那么这则短视频的完播率为（　　）。

A．4%　　B．40%　　C．20%　　D．2%

2．用户运营的第一环节是（　　）。

A．拉新　　B．留存　　C．转化　　D．推介

3．（　　）不属于基础数据的范畴。

A．阅读量　　B．点赞量　　C．收藏量　　D．跳出率

4. 针对中老年群体，运营往往采用（　　）方式获客。

A. 线下地推　　B. KOL推荐　　C. 裂变　　D. 搜索引擎优化

5.（　　）是本期数据水平与前一年同期水平之比。

A. 环比　　B. 同比　　C. 定基比　　D. 类比

二、填空题

1. 常用的短视频数据分析指标包括固有数据指标、________和________三类。

2. 短视频内容专题运营分为________、________、________和数据分析与优化四个环节。

3. 一条视频是否受用户欢迎，可以直观地通过________、________、________、________、________和收藏量来判断。

4. 常用的数据分析方法有________、________、________。

5. 在实际的用户运营工作中，要根据________、品牌属性、________来匹配具体的拉新方式。

三、简答题

1. 简述数据分析的作用。

2. 简述用户运营的主要内容。

拓展任务

分析各短视频平台特点，自选一个平台，以“双十一大促”为专题，制定一套完整的专题内容方案，并制作一则专题短视频介绍该活动。

1. 活动介绍要详细。
2. 活动流程要准确。
3. 活动奖励要有吸引力。
4. 活动参与方式便于操作。

笔记栏

项目测评

学习成果达成与测评

<table>
<tr><td>学号</td><td></td><td>姓名</td><td></td><td>项目序号</td><td></td><td>项目名称</td><td>短视频运营</td><td>学时</td><td>12</td><td>学分</td><td>0.4</td></tr>
<tr><td>职业技能等级</td><td colspan="2">中级</td><td colspan="3">职业能力</td><td colspan="4"></td><td>子任务数</td><td>3个</td></tr>
<tr><td>序号</td><td colspan="3">评价内容</td><td colspan="7">评价标准</td><td>分数</td></tr>
<tr><td>1</td><td colspan="3">内容运营</td><td colspan="7">掌握内容推广与引流的方法</td><td></td></tr>
<tr><td>2</td><td colspan="3">用户运营</td><td colspan="7">能够利用AARRR模型，独立撰写短视频平台用户运营分析报告</td><td></td></tr>
<tr><td>3</td><td colspan="3">数据分析</td><td colspan="7">能够独立撰写短视频数据分析报告</td><td></td></tr>
<tr><td rowspan="2">考核评价</td><td colspan="10">项目整体分数（每项评价内容分值为1分）</td><td></td></tr>
<tr><td colspan="11">指导教师评语</td></tr>
<tr><td>备注</td><td colspan="11">奖励：
1．按照完成质量给予1～10分奖励，额外加分不超过5分。
2．每超额完成1个任务，额外加分3分。
3．巩固提升任务完成优秀，额外加分2分。
惩罚：
1．完成任务超过规定时间扣2分。
2．完成任务有缺项每项扣2分。
3．任务实施报告编写歪曲事实，个人杜撰或有抄袭内容不予评分。</td></tr>
</table>

学习成果实施报告书

<table>
<tr><td>题目</td><td colspan="5"></td></tr>
<tr><td>班级</td><td></td><td>姓名</td><td></td><td>学号</td><td></td></tr>
<tr><td colspan="6">任务实施报告</td></tr>
<tr><td colspan="6">请简要记述学习过程中完成的各项任务，描述任务规划以及实施过程，遇到的重难点以及解决过程，总结不同类型爆款短视频的属性等。</td></tr>
<tr><td colspan="6">考核评价（按10分制）</td></tr>
<tr><td colspan="3" rowspan="2">教师评语：</td><td>态度分数</td><td colspan="2"></td></tr>
<tr><td>工作量分数</td><td colspan="2"></td></tr>
<tr><td colspan="6">考评规则</td></tr>
<tr><td colspan="6">工作量考核标准：
1. 任务完成及时。
2. 操作规范。
3. 实施报告书内容真实可靠，条理清晰，文本流畅，逻辑性强。
4. 没有完成工作量，扣1分，故意抄袭实施报告扣5分。</td></tr>
</table>

项目5 短视频商业运营

学习目标

【知识目标】

◎ 熟悉短视频商业运营的方法；

◎ 掌握植入广告的几种方式；

◎ 理解内容付费模式的逻辑。

【能力目标】

◎ 能够熟练登录各主流短视频平台的创作者中心，了解最新的短视频平台扶持政策；

◎ 能够运用植入广告的策略，制作一则植入类短视频；

◎ 能够结合自身优势和特长，设计一条具有个人特色的短视频运营路径。

【素质目标】

◎ 树立正确的价值观，自觉遵守网络社群公约；

◎ 具备版权保护意识，能够创作有创新性的原创内容；

◎ 具备团队协作能力，能够协同他人共同完成项目实施。

项目概述

【情境描述】

晓慕在“抖音创作者中心”发现有“运营任务”窗口，他发现短视频运营方式多种多样，抱着试一试的心态，他参与制作了一条全民任务短视频，收益42元。他发现自己不仅可以从事短视频行业相关的工作，还能在学习过程中利用平台提供的支持，通过短视频创作，实现运营收入。

【场景案例】

内容产业商业化

创作者内容的商业化是平台、用户、创作者三者之间相互依存共同作用下的商业行为。具体来说，平台需要吸纳优秀的创作者和活跃的消费用户；用户充满对优质作品的需求；创作者则对投入和产出抱有期待。

创作者通过优质内容获取粉丝信赖，实现商品售卖，获得相应收益。内容商业化的流程化让创作者通过稳定的物质回报来保证内容供给，加强了创作者与平台间的黏性，保证了内容生态的持续繁荣。

内容产业商业化是内容产业蓬勃发展的必须要解决的关键环节，运营方式呈现多样化。以短视频平台为例，目前商业运营方式主要有电商运营、广告运营、直播运营、用户付费打赏等形式，未来还将会有更多特色的、衍生的运营方式被挖掘出来。

对于创作者而言，优质的内容是实现运营的载体。创作者的内容营销模式可以概括为：品牌主通过内容营销售卖商品，短视频平台通过分发机制将创作者所生产带有产品信息的内容传播给用户，用户受到影响完成购买，详见图5-1。

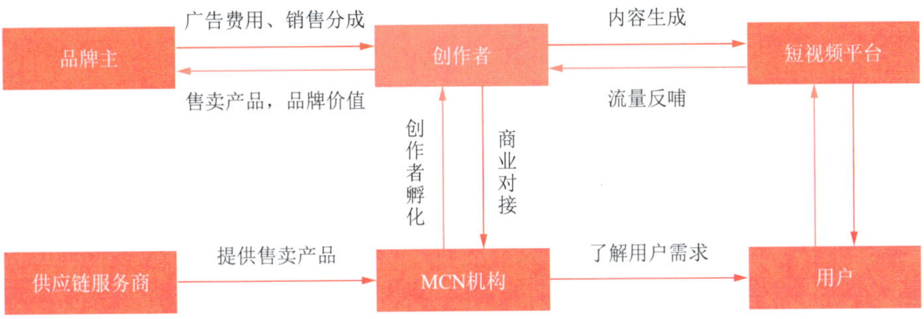

图5-1 创作者内容运营模式

【课堂讨论】

（1）为什么说，商业运营对短视频创作者来说至关重要？

（2）结合短视频使用体验，思考产品植入短视频有什么创作套路？

知识准备

随着短视频产业政策引导规范化、行业活跃用户规模稳定化、内容生态逐渐清朗化，短视频产业已经告别野蛮生长，进入成熟发展前期。从流量价值到用户价值，商业运营成为短视频运营中最为关键的环节。短视频创作者要维持运营，必然要寻求商业运营，找到短视频商业运营的途径是重中之重。因此本项目将重点介绍电商运营、广告运营、用户付费观看、直播运营、衍生模式运营以及加入MCN机构实现稳定运营等六种常见的主流运营方式。

5.1 电商运营

电商运营是短视频平台运营较为成熟的路径之一。当前，抖音、快手两大平台根据自身特色，分别朝着“兴趣电商”“信任电商”两种不同路径发展。

兴趣电商模式下用户对商品的购买链路可以归纳为“认知商品→引发兴趣→购买转化”。抖音的“兴趣电商”生态是通过生动、多元、优质的内容创作，在算法推荐技术加持下，把人设化的商品内容与潜在海量兴趣用户连接起来，让用户在“逛”的同时，发现消费需求、激发消费兴趣、创造消费动机。以国货为例，据《2022抖音电商国货发展年度报告》显示，国货商品相关搜索量提升165%，直播观看浏览量同比增长2 106%，国货直播销量同比增长102%。

快手的“信任电商”生态则是依靠内容创作者持续的内容产出，进而与用户建立稳定的信任关系，积累私域流量，以达到电商转化率的提高。

5.1.1 自建电商平台

短视频平台为商家提供了更短链、更立体、更多元的线上消费场景，让品销合一的目标得以高效实现。如今直播渠道与参与者更加多元化，消费者直播购物习惯不断深化，已经有越来越多的消费者喜欢通过短视频平台直播购物。2022年，快手电商业务战略大调整，提出“四个大搞”，即“大搞信任电商、大搞快品牌、大搞品牌、大搞服务商”，用超过230亿的流量扶持500个以上的快品牌标杆。2023年抖音货架场景业务高速增长，GMV同比增长277%，累计GMV破10万的创作者数量超过60万。

自建电商平台就是以PGC（Professional Generated Content，专业生产内容）为主，品牌方通过创作优质的短视频内容为自营平台引流，吸引用户以实现流量运营。随着电商平台的发展，建立自营店已是品牌商业策略中的重要布局，成为很多品牌的既定商业动作。

其中部分知名品牌、高端品牌已经通过常态化直播实现了低成本可持续的品牌消费转化。例如，小米凭借自身品牌知名度吸引了大量快手用户，小米官方直播间的品类涵盖了手机、电脑、手环、电视等产品。

5.1.2 个人电商品牌

个人电商品牌是以PUGC（Professional User Generated Content，专业用户生产内容或专家生产内容）为主，他们通过短视频打造个人IP，建立自己的个人电商品牌。凭借庞大的粉丝基础和自身的影响力为个人电商品牌或自有网店引流。

5.1.3 达人带货

达人带货功能是指主播可以在自己的视频中分享商品信息。达人在上传的短视频中添加商品链接，当用户对短视频中的商品感兴趣时，就可以直接点击商品链接跳转到商品界面进行购买。

达人的短视频主页还会显示“商品橱窗”，用户可以直接点击进入“商品橱窗”，了解详情后进行购买。

这种达人带货的运营方式因为商品信息融入到达人真实生动的生活场景中，可信度高，不仅提升了商品信息的丰富度，而且商品卖点和品牌故事都能得到充分的展示。用户爱屋及乌激发了消费动机。而且制作精良的短视频，平台算法机制会根据用户对内容及商品产生的互动、购买、复购等正向反馈，使商品内容可以被推荐给更多用户，提高转化率。

5.2 广告运营

广告运营就是短视频创作者直接在自己的作品中接入广告，用户在观看短视频的过程中看到广告，进而产生购买行为，实现运营。对大部分短视频创作者而言，广告运营是最常用的运营方式，主要包括植入式广告、贴片广告、冠名广告和品牌定制广告等形式。

5.2.1 植入式广告

植入式广告是将广告主的品牌、产品植入到短视频的剧情中，让用户在观看过程中不知不觉形成记忆，进而了解广告主的产品或服务，广告信息和短视频内容的契合度越高越自然，越不容易影响用户的观看体验，对用户的吸引力就越强，用户的接受程度也就越高。但如果短视频创作者频繁插入广告信息，就会伤害用户体验，导致用户放弃观看，造成用户流失。

因此，短视频创作者要采用合适的方式植入广告，主要有剧情植入、台词植入、道具植入、场景植入、奖品植入、“种草”植入等。

1. 剧情植入

剧情植入是指将商品信息融入短视频的剧情中，通过故事的逻辑线条和情节发展，在引导用户观看短视频内容的同时，让用户看到产品的信息。剧情植入的作品一般都会有一个特定的主题，在短视频的前半部分创作者应根据自身风格来进行主题的叙述，中间过渡创造情景来对后面的广告植入进行铺垫，最终，整个短视频实现巧妙地植入广告内容。

2. 台词植入

台词植入是指短视频中的人物通过念台词的形式，把产品的名称、特征等直白地传达给用户，这种方式虽然直接，但也容易激发用户对品牌的认同。需要注意的是，在进行台词植入时要注意台词衔接恰当、自然，切忌生硬植入，否则很容易让观众反感。

3. 道具植入

道具植入就是将需要植入的产品以道具的方式直接、自然地呈现在用户面前，以此达到品牌宣传润物细无声的目的。不过进行道具植入中切忌对道具进行频繁、刻意地特写，否则会让用户觉得目的性太强，引起用户的反感。

4. 场景植入

与道具植入不同的是，场景植入是把品牌符号或产品本身作为故事发生的场景或场景组成的有一部分，植入的场景越贴合用户工作生活的具体场景，消费者接受度越高。用场景定义需求，给消费者以沉浸式体验，是场景植入的关键。

5. 奖品植入

奖品植入是将产品作为奖品出现在短视频中，迎合了用户的占有获得心理。一些短视频创作者经常借助发放奖品来引导用户关注、转发、评论，如发放某个店铺的优惠券、某个产品的代金券或者将商品本身作为奖品奖励给用户等。

6. “种草”植入

“种草”植入常见于美食、美妆、3C数码和鞋服箱包类的短视频。除了前文所述的场景植入外，“种草”植入经常采用表5-1所示的六种不同的策略。

表5-1 六种“种草”植入策略

植入策略	操作方法	优 势	劣 势
专业测评	针对产品类型的不同，对产品的成分、口感、功能、原理等进行详尽的拆解，通过垂直、精细的内容，拉近用户与品牌的信任，深挖产品价值	专业、信任度强；对品牌、产品有“增值”作用	内容相对枯燥； 创作者若是某个领域的KOL，有一定的专业认可度
体验种草	创作者通过表达主观的使用感受，来拉近与用户的距离，提高说服力	真实度高、信任度强	缺少专业能力背书，比较主观
清单推荐	创作者常常采用列举红黑榜或者清单体的形式，植入的产品在打包的内容中	与知名、大牌植入同一清单，信任度强，易转发和产生爆款	产品较多，记忆点不足
借势种草	创作者通过借助全网热点、热梗或者节假日热点借势植入产品	需要提前策划、投入产出高	内容热度周期较短、对热点捕捉能力和创新能力要求高
大咖同款推荐	在视频中比附大咖，植入平替品、明星同款，容易做圈层扩散	投入产出高	平替款容易给人品牌力不够的印象；注意选品
出其不意	在短视频中注重事件策划，类似国风来袭，二次元突围，小众文化出圈，跨界文化联名，用各类“想不到”的大事件，刺激各圈层用户涌入	容易形成爆点	投入较高、策划能力和推广能力要求高

【课堂讨论】

1. 构思一款电动牙刷的植入广告，你会采取哪种植入策略，为什么？

2. 课堂上简要分享你的植入广告创意。

5.2.2 贴片广告

插入到视频中的广告根据它们在视频中的位置（视频播放的前、中、后）可以被分类为前贴片、中贴片和后贴片广告。由于广告信息紧贴短视频内容，是短视频广告中最明显的广告形式，属于硬广告。

除此之外，贴片广告还可以分为平台贴片和内容贴片两类。

1. 平台贴片

大多是前置贴片，以独立广告的形式出现。即在播放短视频之前出现，往往不可以直接跳过。

2. 内容贴片

大多是后置贴片，即在短视频播放结束后追加的广告。

贴片广告主要有以下优势。

（1）高触达率：只要一打开短视频，大多数用户都会看到贴片广告。

（2）高效传递：与电视广告一样，贴片广告的信息传递效率高且内容丰富。

（3）强互动性：形式生动、贴片形式灵活、跳转方便、互动性强。

（4）低成本投入：贴片广告不需要投入过多的经费，制作成本较低，播放率较高。

（5）弱干扰性：在广告与短视频中间不会插播其他无关内容，抗干扰性强。

贴片广告如果放在短视频前自动播放，用户需要等待，具有强制观看的特性，容易影响用户体验。因此为了提高用户观看短视频的体验感，可以将贴片广告置于片尾，减少用户反感，保证自身的品牌形象。

5.2.3 冠名广告

冠名广告是指在短视频内容里加上赞助商或广告主名称进行品牌宣传，进而扩大品牌影响力的广告形式。常见的冠名形式见图5-2。

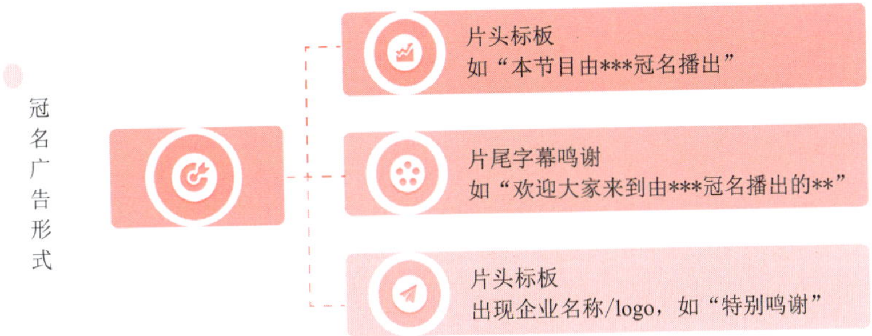

图5-2 常见的冠名形式

目前，冠名广告在短视频领域的应用还不是很广泛。一方面是因为这类广告需要企业投入较多资金，企业会非常慎重；另一方面这种广告形式直接、生硬，所以很多短视频平台和自媒体人不愿意将冠名广告放在片头，而是放在片尾，以减少对自己品牌的影响，避免用户反感。

5.2.4 品牌定制广告

品牌定制广告是指以品牌为中心，为品牌或产品进行量身定制内容的广告形式。该类型广告运营能力强，但制作费用较高，对短视频创作者的创新能力要求也比较高。越来越多的品牌商已经意识到了短视频营销的优势，但是为了确保品牌在内容上拥有可链式传播的价值，既要准确地传达企业的品牌文化和理念，又要消除用户对广告的芥蒂和顾虑，因此品牌商对广告要求高，希望广告的呈现更加原生和自然，广告的目标对象也更具圈层性和针对性。

在品牌广告类型中，常用以下几种创作方式。

1. 品牌叙事

这种创作方式常常利用品牌创始人讲述自己的创业故事、创业过程和创业理念，以此引起用户的共鸣，进而对品牌产生浓厚的兴趣。

2. 场景故事化

这种创作方式往往是将品牌化为一个元素或者一种价值主张，融入一个富有感染力的故事中，通过在短视频中的场景重现，营造强烈的代入感，从而吸引用户的注意力，提升用户对品牌价值的认知。

3. 产品展示

这种创作方式往往通过在短视频中直观展示产品的制作过程、使用技巧和设计创意等，从而在用户脑海中留下深刻的印象，激发用户的购买意愿。

4．主题理念

这种创作方式是将品牌理念与短视频主题做巧妙地融合，以此向用户展示商品信息，促使用户进一步了解品牌具体信息。

5．制造话题

这种创作方式中，短视频创作者常常通过话题挖掘，搜集用户切实关心的问题，借用短视频制造用户感兴趣的话题，引发用户的广泛讨论，进而将品牌理念传播出去。

5.3 用户付费视频内容

如果短视频内容足够优质，可以抓住用户的痛点，用户就会愿意付费观看，从而实现内容运营。但是在内容丰富乃至过剩的短视频环境下，要想用户付费就需要向用户提供足够独特、稀缺、有价值的信息。目前，用户付费主要有用户打赏、付费观看、会员增值服务三种模式。

【课堂讨论】

1．你认为短视频内容付费的“钱景”在哪里？

2．你会选择通过短视频来学习专业知识吗？为什么？

3．如果要为知识付费，你会为哪一领域类型的内容付费？

5.3.1 用户打赏模式

从长远来看，关注打赏是未来短视频行业十分可行的盈利模式。打赏功能为创作者带来额外收益，不仅能鼓励内容创造者创作上传更多优质视频，而且可以激发更多内容创作者加盟。例如，快手、美拍等短视频平台都开通了付费礼物打赏功能。而对短视频创作者来说，需要做的是如何迎合用户跨界、随时随地、碎片化的学习需求，让用户主动关注、打赏。

5.3.2 付费观看模式

艾媒咨询数据显示，自2015年以来，我国知识付费用户规模由0.48亿人增长至2021年的4.77亿人。移动互联网时代，互联网用户的付费意愿逐渐提升。尽管付费观看在长视频与音频上最为常见，但是短视频仍然具有广阔的发展前景。

2022年1月底，微信视频号上线了首个付费直播NBA常规赛，支付9元即可观看全场。2月，视频号又让更多用户加入付费直播内测活动，使用权限逐渐对外释放，并面向所有运营者。3月，视频号创作者开通付费直播已“无门槛”。快手则早在2020年之前开辟了“付费精选”，其中就包括付费直播、付费短视频以及付费录播课程，如图5-3所示。

2021年8月，抖音邀约多位明星举行线上演唱会，单人观看直播需要付费30元，如图5-4所示。

总的来看，目前短视频平台多以“社交娱乐属性+直播电商”为核心业务生态，目前主流短视频平台以及社交平台上的短视频付费主要体现在娱乐内容和知识内容两大板块。付费观看模式已成为各大短视频平台积极探索商业运营的创新形式，下面介绍短剧付费和知识付费两种比较常见的付费观看形式。

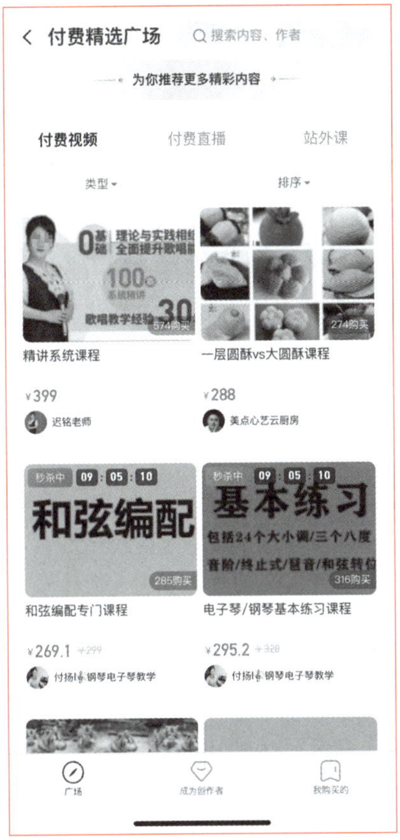

图5-3 快手“付费精选广场”

图5-4 抖音夏日歌会

1. 短剧付费

2021年，快手、抖音相继推出了付费短剧内容。在快手付费内容广场上，影视类短剧是快手付费内容的重要版图，这些微短剧绝大多数并不是以全集售卖，而是单独售卖大结局，价格普遍在1-3元不等。抖音微短剧的定价不同，抖音一般最低10个抖币（1元人民币）一集，也可以支付更高价格以解锁全集。

2. 知识付费

越来越多拥有专业技能的垂直领域精英，入局内容创作赛道，依靠短视频的流量打造知识付费产品，知识付费内容愈发呈现出垂直化、多元化、细分化的特点。

随着短视频平台的崛起，知识付费迎来新的热潮，截至2022年10月，抖音上万粉以上知识类创作者超过50万名，同比增长69.6%，其中生活知识、人文知识、科普知识、机械知识、科技知识产品是万粉创作者数量增速最快的领域。根据艾媒咨询数据显示，2022年中国知识付费市场规模达1 126.5亿元，较2015年增长约70倍，预计2025年市场规模将达2 808.8亿元，知识付费用户规模有望达到6.4亿人次。

对用户来说，越能够为用户的工作和生活提供帮助的专业知识越有价值，在法律、保险、沟通、理财、办公、学历教育、摄影、艺术、剪辑等领域，用户呈现出较高的付费意愿。图5-5为某平台知识付费类课程中的一种。

5.3.3 会员增值服务模式

会员制（VIP）增值服务付费模式早已在长视频领域得到广泛应用，现在很多短视频平台也开始借鉴长视频平台的会员制增值服务付费模式。VIP会员往往能享受更多的权利，例如：一些原创短视频内容只有会员才能观看；会员享有保存和下载短视频内容进行离线观看的权利；视频内容纯净无广告，短视频观看体验更佳。

目前，很多短视频平台的付费观看模式与会员制增值服务付费模式相互融合，用户既可以在购买会员权利之后免费观看大量原创的优质短视频，也可以选择性地针对某一个短视频单独付费观看。

图5-5 知识付费类课程

5.4 直播运营

经过十多年的发展，直播的运营模式逐渐清晰、多元。在初创期，直播平台的内容以及运营模式较为单一，主要依靠用户打赏分成。在成长期，以导购分成为代表的增值业务、广告业务、游戏联运等业务逐渐壮大。如今，许多短视频创作者在平台上都开通了直播功能，通过直播实现运营。

【课堂讨论】

1. 结合自己观看直播的经验，直播运营的模式有哪几类？
2. 你如何看待一些短视频平台的直播间出现“天价打赏”乱象？

5.4.1 打赏模式

“打赏”是指观众通过直播平台购买虚拟货币，再兑换成虚拟礼物赠送给主播，只要直播内容足以吸引粉丝，粉丝就会用直播平台上设定的虚拟礼物进行打赏。

直播平台会折算“打赏”礼物的价值并与主播分成，这是主播们重要的收入来源。以抖音平台为例，粉丝打赏的礼物标价从1抖币到66 666抖币不等。抖音主播与平台的分成比通常为5∶5，假设主播收到粉丝1 000抖币的打赏，那么主播会获得1 000音浪，按50%的分成比例来算的话，可获得500音浪并能转化成实际收益进行提现。以目前的结算体系，大概10音浪能兑换成1元，主播如果获得500音浪，那么预计可提现50元。

5.4.2 带货模式

目前，直播成为了电商、社交、视频等各类线上平台的流量吸睛利器。直播电商，也成为电商发展的趋势与风口。相较于图文、视频广告，直播的优势在可以快速吸引粉丝，直播中的互动更有利于粉丝聚集和积淀，直播间的氛围和场景打造，更能够展示商品，提升购物体验。目前的直播电商带货模式主要有以下几种形式。

1. 达人自选纯佣金带货

当达人通过精选联盟看到适合自己推广的商品时，可以将其加入自己的橱窗中，然后通过短视频带货。这种模式虽然操作简单，但对达人的选品能力有一定的要求。

2. 直播专场＋坑位费

这种方式是达人的整场直播都会售卖某一品牌方的产品，甚至到专柜或者门店进行直播。这种模式适合带货能力强，但是粉丝和流量不稳定的中腰部直播带货达人。他们的团队会在直播前和品牌方就坑位费进行洽谈，团队选择品牌的时候要遵循价格亲民、品牌认知度高、商品质量高三个原则。

3. 直播坑位费＋佣金

品牌方为了增加销量会通过付费的形式让自己的产品出现在达人的直播间，而这些人都拥有自己专业的直播团队和品牌方。以抖音为例，这种模式下，品牌方想要与达人合作，需要提前在巨量星图进行下单，无论是专场直播带货还是在直播中插入自家商品链接带货，都要首先支付达人设定的固定坑位费，以及按佣金比例在直播结束之后支付实际带货额的佣金。一般来说，达人专场直播的坑位费是按照时间来计算的，而插入单条商品链接的混播坑位费则是达人设定有一个固定的金额。

这种模式对于主播要求比较高，它只适合带货能力和流量能力比较稳定，而且粉丝忠诚度高，有粉丝购买基础的头部达人或者明星。头部达人的每场直播都会有非常稳定的粉丝和观众来观看和购买，因此带货额度非常可观，变现能力非常强。

4. 直播专场纯佣金带货

该模式下，商家与主播进行强绑定，直接利用商家的店铺账号进行直播带货，通过货品的展示和有竞争力的价格吸引用户。但是店铺的自购带货需要商家有一个合适的直播场地和长期合作的主播，而主播也需要结合自己的特色和优势选择商家。

5. 自播带货

在该模式下，店主直接利用自己的账号进行自播带货，店主本身就是主播。这种模式比较适用于服饰、鞋包、家居、家具等利于镜头前展示的商品，如果商品对观众的吸引力不够强，则很难获得观众停留，难以实现销售转化。

5.4.3 承接广告

这种模式是商家委托主播对其产品进行宣传，并为此支付一定的推广费用。这种运营方式是主播私下接单，平台不参与分成。

5.4.4 内容付费

短视频创作者可以对优质的直播内容采用内容付费的方式。如今，一对一直播、私密直播、在线教育直播等内容付费模式逐渐流行起来，粉丝通过购买门票、计时付费等方式进入直播间观看。付费模式对直播的私密性要求更高，对直播的内容质量要求也比较高，否则难以吸引粉丝。除此之外，短视频账号还要有一定数量忠诚度高的粉丝，否则难以实现持续盈利。

5.4.5 企业宣传

企业宣传是指由直播平台提供技术支持、营销服务与数据支持反馈，企业通过付费申请诸如发布会直播、招商会直播、展播直播、新品发售直播等多元化直播，实现传统媒体无法实现的互动性、真实性、及时性，最终提高用户对品牌的关注度，提升品牌影响力，这种运营模式一般适用于PGC团队。

5.4.6 游戏付费

当前，我国游戏直播已处于成熟期，预计2026年游戏直播市场规模将达到800亿元。为了增加直播的趣味性和互动性，部分平台直播间增加了小游戏功能，粉丝要是想参与其中，需要充值平台的游戏币。小游戏功能不仅带动了直播间的氛围，也为主播和平台带来了收益。

5.5 衍生模式运营

短视频行业发展至今，其红利仍然存在，相应地也衍生了更多可以运营的模式。

5.5.1 平台扶持

短视频平台与短视频创作者之间是共生共荣共赢的关系，而各大短视频平台之间的竞争就体现在对优秀短视频创作者的争夺。为此，各大短视频平台通过各种鼓励措施激发短视频创作者的积极性，以此优化平台的内容生态。

例如，2022年抖音启动“春雨计划”，提供流量激励、权益保障、内容活动和业务助力，鼓励商家和达人创作优质电商内容，提升长期经营效率。据抖音电商明星作者运营负责人介绍，仅2021年就有627万创作者通过抖音电商实现内容运营，平台上的内容创作量增长了252%，GMV（Gross Merchandise Volume，成交额）也翻了一倍以上。同时，累计GMV破千万的创作者超1.9万人，破百万的创作者超11万人。

5.5.2 版权输出运营

版权输出运营主要是指在某一领域或行业经过一段时间经营后，拥有了一定的影响力，创作者便将自己的经验加以总结，进行图书出版，以此获得营利的运营模式。一方面短视频可以为图书出版奠定用户基础，另一方面图书出版则可以扩大短视频的影响力，进一步扩大创作者的号召力和影响力。

短视频创作者要想实现出版运营，需要从一开始就策划和创作知识型短视频内容，规划版权输出运营路径，通过输出专业、系统、垂直的知识来吸引用户。

5.5.3 开发 IP 衍生品

短视频IP全产业链价值正在被人们深度挖掘，短视频创作者可以使用IP中的人物角色、场景、道具、标识等开发衍生品，如推出自己的品牌商品、接品牌商广告、做品牌代言人、进入影视娱乐圈等方式进行运营。

值得注意的是，短视频是IP与粉丝交流的第一场景，但除了视频，还应善用评论区、微信群、微店商品、微信公众号、小程序等各个平台，盘活资源，互相导流才是IP运营运营的终极目的。

5.6 加入MCN机构，实现稳定收益

MCN（Multi-Channel Network，多频道网络）最早发源于国外短视频平台，是头部短视频创作者的管理机构，为短视频创作者提供技术、数据和销售方面的支持，帮助创作者解决宣传和运营问题，并不涉及内容生产。

2016年，MCN理念开始进入我国，伴随着我国短视频行业的发展，MCN在我国独特的互联网环境下也日益本土化。目前短视频户积淀已经基本完成，用户增量时代逐渐转向存量时代，因此短视频平台的商业价值也从流量用户的增长转向了对用户的深度价值挖掘。在这种背景下，国内MCN机构拓展了更多维度的服务，演变为连接短视频平台、内容创作者和广告商的专业机构。

MCN机构的首要任务是为内容生产者提供创作、运营、营销等一整套专业化服务，帮助他们实现稳定的商业收益。对于平台而言，MCN机构能够保证持续、优质、多样化的内容输出，有利于平台的良性发展。对于广告主品牌商而言，MCN机构放大了商业信息价值。

5.6.1 内容生产工业化

MCN模式下的短视频内容生产有着链条式的工业化流程机制，能够实现批量生产，保证产量规模，确保持续的内容输出。各个MCN机构也都有着自己的标准，以便达到生产的规范化和高质量。同时，内容的规模化和规范化也进一步提升了内容创作的效率。此外，MCN机构的工业化也能够延长达人“生命周期”，提升转化率。

5.6.2 运营能力专业化

在竞争激励的市场上，专业度是MCN机构制胜的关键。目前，成熟的短视频MCN机构基本具备专业的内容制作能力、内容分发能力、全网营销能力、粉丝管理能力，具备可以对内容生产者进行全方位评估的数据分析能力，能够帮助内容创作者进行IP孵化和商业运营。

5.6.3 内部资源共享化

一个聚合了众多内容创作者的MCN机构格外注重资源整合和内部合作，通过团队内部跨界合作，提升矩阵影响力，实现联动共赢和利益最大化。

一方面，MCN能够实现硬件设备资源、IP资源、广告主资源、电商平台资源共享；另一方面，达人“生命周期”一般较短，并且容易出现商业运营天花板，而MCN将所有达人和IP聚合起来容易实现群聚效应，目前在抖音平台上，达人之间互相客串出镜、大号转发小号、达人相互评论互推等流量导流现象屡见不鲜。

思政园地

互联网业态与新经济产业扶持

当下，短视频带货、直播电商等新业态为经济、社会发展等提供了新的增长动力，各地方政府相继加大对互联网新经济模式的扶持力度。

重庆市发布《加快发展线上业态促进线上消费实施方案》规范发展“网红经济”，鼓励以短视频、直播等社交媒体新形式重构营销模式。辽宁省沈阳市发布《沈阳市电商直播发展（网红经济）行动方案（2020—2022年）》通过网红直播推动沈阳冰灯、冰雕、滑雪、冬捕、温泉等冬季旅游新体验，塑造冰雪休闲“网红城市”的名片。广东省出台《广东省人民政府关于加快数字化发展的意见》，旨在推动视频直播平台创新发展，培育MCN机构，壮大网红经济。

此外，各地方政府还出台多项鼓励性文件，加强对互联网就业创业的引导扶持。江苏省出台了《关于支持多渠道灵活就业的若干措施》文件，鼓励发展各类小微网络经济体，积极支持个体文化创意经济、网红经济、直播经济等新经济形态发展。广西壮族自治区出台了《共同促进农民专业合作社质量提升实施方案》，开展“扶贫助农”专项行动，组织上线扶贫商品，打造“网红”产品重点助农帮扶。

各平台也相继出台了管理规则与扶持计划，抖音推出了原创保护大礼包，其中包含多项原创保护相关的服务和功能权益，创作者们可以根据自身实际需求查看举报指导教程或提交相关诉求信息。快手电商发布的《2020知识产权保护报告》，明确提及快手电商保护优质原创设计、创新品牌超过1 000个，100%主动审核品牌商品并提供保护。同时启动“线上+线下”的重拳打假，识别售假线索超过24万条，联动公检司法查案16起，涉案金额超过8 000万元。

同时，各平台又上线社区自律公约（见表5-1），明确设立创作者准入门槛、保护用户权益、加强青少年思想道德建设、引导创作者输出正能量内容，旨在维护良性社区生态，营造清朗网络空间。

表5-1 抖音、快手公约发布

互联网平台	时　间	公约名称	公约内容
抖音	2021年3月	《抖音社区自律公约》	倡导平等、友好的社区氛围，建议用户重视文字的正确使用，建议用户提高网络安全防范意识，鼓励个人原创内容，明确禁止了对危害国家及社会安全、涉及危险行为、易造成人身伤害、危及未成年人安全、传播违法犯罪行为以及不利于平台良好生态等行为内容
快手	2021年11月	《快手带货达人文明公约》	为数字时代的熟人经济上保险，力求为消费者打造闭眼下单的信任下单体系

项目实施

任务 5.1 爆款植入类短视频分析

步骤 1：以小组为单位，在抖音或快手平台上，搜索 5 个爆款植入类短视频（点赞量超 10 万）。

步骤 2：分析这些视频运用了哪种广告植入策略。

步骤 3：结合前期所学知识，填写爆款植入短视频分析表，见表 5-2。

表5-2 爆款植入短视频分析表

分析项目	短视频1	短视频2	短视频3	短视频4	短视频5
产品品类					
植入策略					
发布平台					
数据表现					
选题方向					
视频风格					
内容创意					
用户互动					
分析结论					

任务 5.2 完成一则短视频运营任务创作

步骤 1：以小组为单位，登录抖音"创作者服务中心"，进入"运营任务中心"。

步骤 2：小组头脑风暴，结合小组特长和优势，选择一个任务进行创作。

步骤 3：内容创作上传，积极与用户互动，记录作品上线 24 小时的数据。

项目小结

根据本项目的要求，对几种常见的短视频运营类型进行了详细的介绍。其中电商运营、广告运营、内容付费运营是目前创作者运营的主要来源；另外，熟悉各平台的扶持政策也将有利于学生把握短视频平台未来的发力重点，享受平台红利。

在掌握了这些基础知识后，学生通过分析爆款植入短视频的特点，并且能够动手创作产品植入短视频，提高了学生对短视频商业运营的认识，提升了学生可以实现价值创造的信心和能力。

拓展知识

学习类付费短视频运营原则

在海量信息的互联网世界中，只有优质的内容才能够率先进入知识付费赛道，学习类付费短视频运营需要遵循以下几条原则。

定位精准、内容垂直。比如与考研相关的内容，就要以考研学子为目标人群。可以通过账号定位、IP运营和增强内容的相关性来保持内容的高垂直度，如“研途教育旗舰店”账号发布的都是关于择校、报考专业等内容，通过这样账号定位和短视频内容发布，不仅能够获得短视频平台的优先推荐，还可以增强目标受众的身份认同。

内容专业、稀缺。如今用户生活节奏快，在时间有限的情况下，用户需要通过真正有价值的知识实现快速提升，因此学习类短视频需要确保内容的专业性和稀缺度，通过普及“干货”来体现价值，而不是哗众取宠，浪费用户的时间和精力。创作者可以从自己对专业、行业、工作、生活、技能的认知进行视频创作。

内容生动、有趣。生动有趣地传达内容才能更好地契合短视频的媒介特性，因此学习类短视频不仅要做到专业性强、垂直度高，也要兼顾好内容的趣味性和形式的新颖性，满足用户的好奇心，激发用户的想象力和自我表达的欲望。例如，抖音账号“英语雪梨老师”粉丝量977.5万。该账号博主毕业于香港中文大学，是翻译硕士研究生，短视频内容分享了如何学音标、巧记动物单词等，演示妙趣横生，解说形象生动，目前短视频点赞量高达3 000多万，点赞量近900万，雪梨老师的课程如《英语初级语法》商品，售价698元，好评率达到97%。

知识巩固

一、单选题

1. 植入式广告不包括（　　）。

A. 剧情植入　　B. 台词植入　　C. 奖品植入　　D. 贴片广告

2. 位于短视频播放之前，以不可跳过的形式出现的贴片类型称之为（　　）贴片。

A. 平台　　B. 内容　　C. 浮窗　　D. 冠名

3. 以下关于贴片广告的表达，说法错误的（　　）。

A. 只要一打开短视频，大多数用户都会看到贴片广告。

B. 和电视广告一样，贴片广告的信息传递效率高且内容丰富。

C. 为了提高用户观看短视频的体验感，通常将贴片广告置于片头。

D. 贴片广告不需要投入过多的经费，制作成本较低。

4. 短视频创作者经常在短视频创作中，发放某个店铺的优惠券、某个产品的代金券或者赠送商品本身，这种做法属于（　　）植入。

A. 道具植入　　B. 台词植入　　C. 奖品植入　　D. 剧情植入

5.（　　）以PGC为主，品牌方通过创作优质的短视频内容为自营平台引流，吸引用户以实现流量运营。

A. 自建电商平台　　B. 达人带货　　C. 个人电商平台　D. 抖音小店

二、填空题

1. ________是将广告主的品牌、产品融入短视频的剧情中，让用户在观看过程中不知不觉形成记忆，进而了解广告主的产品或服务。

2. 当前，快手、抖音两大平台根据自身特色，分别朝着________和________两种不同路径发展。

3. 目前主流短视频平台以及社交平台上的短视频付费类型主要是________和________。

4. 对于大多数短视频创作者来说，加入________机构，意味着能够实现稳定收益。

5. 发起“春雨计划”旨在提供更多流量激励、权益保障、内容活动的平台是________。

三、简答题

1. 简述短视频内容运营的模型。
2. 简述开展品牌定制广告的策略。
3. 简述常见的短视频运营方式。
4. 简述常见的植入广告方式。

拓展任务

以小组为单位，选择一款生活用品，搜集该产品在短视频平台的内容创作。

1. 总结这些视频的创意亮点。
2. 制定本小组的植入策略，确定产品植入创意方向。
3. 完成植入短视频的拍摄剪辑与上传。
4. 进行班级路演，分析内容创意过程和作品传播数据。

笔记栏

项目测评

学习成果达成与测评

<table>
<tr><td>学号</td><td></td><td>姓名</td><td></td><td>项目序号</td><td></td><td>项目名称</td><td>短视频商业运营</td><td>学时</td><td>12</td><td>学分</td><td>0.3</td></tr>
<tr><td>职业技能等级</td><td colspan="2">中级</td><td colspan="3">职业能力</td><td colspan="4"></td><td>子任务数</td><td>3个</td></tr>
<tr><td>序号</td><td colspan="2">评价内容</td><td colspan="8">评价标准</td><td>分数</td></tr>
<tr><td>1</td><td colspan="2">短视频商业运营类型</td><td colspan="8">熟悉不同短视频类型的商业运营</td><td></td></tr>
<tr><td>2</td><td colspan="2">植入短视频</td><td colspan="8">掌握广告植入的策略，并能够撰写爆款植入短视频分析表</td><td></td></tr>
<tr><td>3</td><td colspan="2">短视频运营创作</td><td colspan="8">能够借助运营任务，创作一则短视频实现运营</td><td></td></tr>
<tr><td rowspan="2">考核评价</td><td colspan="10">项目整体分数（每项评价内容分值为1分）</td><td></td></tr>
<tr><td colspan="11">指导教师评语</td></tr>
<tr><td>备注</td><td colspan="11">奖励：
1. 按照完成质量给予1～10分奖励，额外加分不超过5分。
2. 每超额完成1个任务，额外加分3分。
3. 巩固提升任务完成优秀，额外加分2分。
惩罚：
1. 完成任务超过规定时间扣2分。
2. 完成任务有缺项每项扣2分。
3. 任务实施报告编写歪曲事实，个人杜撰或有抄袭内容不予评分。</td></tr>
</table>

学习成果实施报告书

<table>
<tr><td>题目</td><td colspan="5"></td></tr>
<tr><td>班级</td><td></td><td>姓名</td><td></td><td>学号</td><td></td></tr>
<tr><td colspan="6">任务实施报告</td></tr>
<tr><td colspan="6">请简要记述学习过程中完成的各项任务，描述任务规划以及实施过程，遇到的重难点以及解决过程，总结不同类型爆款短视频的属性等。</td></tr>
<tr><td colspan="6">考核评价（按10分制）</td></tr>
<tr><td colspan="3" rowspan="2">教师评语：</td><td>态度分数</td><td colspan="2"></td></tr>
<tr><td>工作量分数</td><td colspan="2"></td></tr>
<tr><td colspan="6">考评规则</td></tr>
<tr><td colspan="6">工作量考核标准：
1. 任务完成及时。
2. 操作规范。
3. 实施报告书内容真实可靠，条理清晰，文本流畅，逻辑性强。
4. 没有完成工作量，扣1分，故意抄袭实施报告扣5分。</td></tr>
</table>

项目6 短视频制作

学习目标

【知识目标】

◎ 熟悉短视频制作的方法；

◎ 熟悉短视频制作的过程；

◎ 熟悉短视频制作的元素。

【能力目标】

◎ 能够熟练制作转场、贴纸等短视频制作方法；

◎ 能够运用背景音乐、字幕、特效等进行美化视频；

◎ 能够增加滤镜，设计制作短视频画面效果感。

【素质目标】

◎ 树立正确的审美艺术观；

◎ 具备版权保护意识，能够创作有创新性的视觉作品；

◎ 具备团队协作能力，能够协同他人共同完成项目实施。

项目概述

【情境描述】

晓慕在拍摄题为“清晨露珠”的短视频，想分享给喜欢旅游的朋友，希望能来自己的家乡旅游。前期需要准备好拍摄器材，对主题内容有策划方案和实施方案，确定好后期制作的App，这样才不会在整个环节中手忙脚乱。

【场景案例】

打造优质品牌　提升文旅品牌影响力和美誉度

为充分利用互联网技术优势，抖音平台曾发起“山里DOU是好风光”文旅扶贫项目，与各级政府深度合作，聚焦山区，通过信息分发、品牌打造、渠道引流、人才培训等四个方面投入和运营，帮助特色文旅资源打造品牌，提升当地文旅品牌影响力并持续带动相关产业发展，实现科技赋能旅游。

很多贫困地区因为缺乏资金，在宣传推广方面难以大量投入，导致获取客源比较困难。基于抖音信息精准分发的技术优势，喜欢旅游的用户能够直接在信息流中获取自己感兴趣的内容和想要的旅游信息，从而满足个性化信息需求。因此，让旅游景区景点能够高效触达潜在的游客，带动更多网友从旅游信息消费者转变为旅游产品的消费者，拉动当地旅游增收，才能更好推动当地旅游产业发展。

通过实地考察，确定有推广价值的文旅项目后，再以市场化手段挖掘景区景点差异化卖点，通过针对性的创意策划进行品牌打造，整合明星、专家、抖音达人、头条达人等资源进行市场推广，扎扎实实落地执行，赋予其更高的市场价值，从而保证项目持续、稳定、高效开展。

【课堂讨论】

（1）为什么说，短视频制作技术的关键性？

（2）结合短视频制作的技巧有哪些？

知识准备

6.1 前期拍摄

短视频最大的特点是精致和有趣。相对于图文而言，短视频能够带给用户独一无二的视觉体验，精致是指短视频的时长一般控制在15秒到5分钟以内，需要在短时间内快速抓住用户兴趣和痛点，唯有满足条件的短视频才能受到广泛关注。

6.1.1 拍前准备

本次拍摄的短视频主题为“清晨露珠”，那么，说明视频一方面要有露珠的元素，另一方面要表现出大自然的舒适和美好。确立好短视频的主题后，我们需确定拍摄场景。

本次拍摄场景围绕拍摄对象而定，由于露珠一般存在于室外且为清晨时分，因此选择在清晨光线较为柔和的小池塘边进行拍摄。图6-1为拍摄的初步画面。

图6-1 视频拍摄画面

后期选择小影App为视频增加滤镜、特效、音乐、字幕等，借助小影App的层层渲染，让原本的画面更加美观大方。具体效果如图6-2所示。

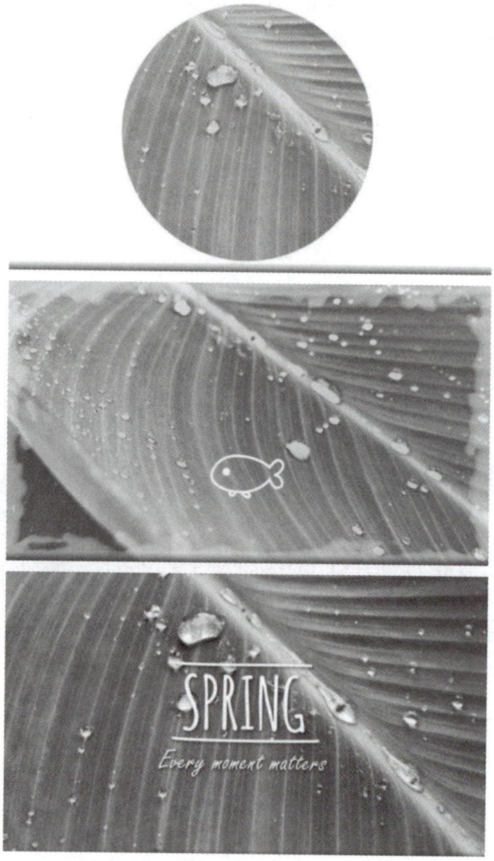

图6-2　视频成品图

6.1.2　具体拍法

在具体拍摄过程中，应先对具体拍摄对象有一定的了解，唯有不断地尝试，建构出最佳的构图和角度才能使作品独一无二，并且后期制作上也相对而言轻松许多。

由于本次拍摄的对象为晨露，晶莹剔透的露珠体型相对较小，而露珠所在的树叶体型较大且颜色渐变，所以为了突出露珠的形态，在拍摄时多采用特写镜头（如图6-3），从而表现其光泽明亮和圆润可爱。

图6-3　主体的特写视频画面

除此之外，近景中增加树叶面积，与原本特写镜头形成色彩和形态的对比，避免特写过多产生审美疲劳。如图6-4所示。

图6-4 主体的近景视频画面

浅景深构图也就是有虚实对比的拍摄方法，如图6-5所示，露珠和树叶是实，背景的树丛为虚，虚实结合，将受众的注意力集中在实景的密集露珠上，突出主体的特点。

图6-5 浅景深构图的视频画面

6.2 后期制作

在完成前期的拍摄任务后，我们就要对素材进行整理和加工，这是创作的重要环节。前期的拍摄就像是构建房屋时根据图纸的基础搭建，完成楼房的基础框架，而后期制作则是在框架之上对于房屋细节的修改和完善，唯有经过层层历练才能达到最终目标。

6.2.1 导入视频

进入小影App主页，如图6-6所示，单击图中的“视频编辑”按钮，跳转到如图6-7所示的全部视频界面，选中拍摄好的视频，点击“下一步”按钮，进入视频编辑界面如图6-8所示，下方有一个工具栏，其中包括“镜头编辑”“字幕”“滤镜”“动画贴纸”“特效”等。将这个工具栏从右向左滑动，选择如图6-9所示的“添加镜头”按钮。

上述操作完成之后便会跳转到如图6-7所示的全部视频界面，再次选择需编辑的视频，点击下一步按钮打开视频编辑主界面。

图6-6　小影App主界面

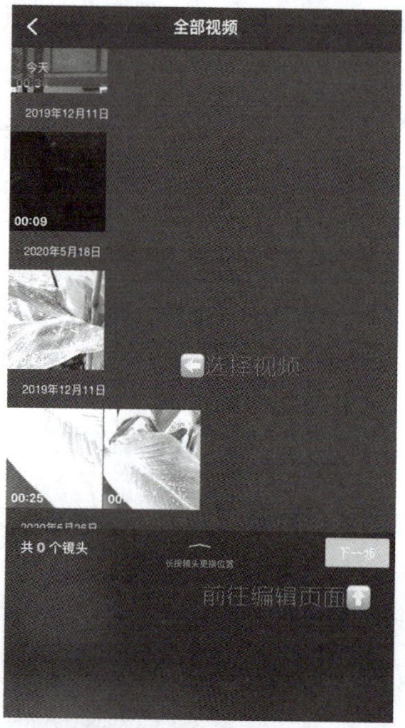

图6-7　全部视频界面

图6-8　视频编辑界面

图6-9　点击“添加镜头”按钮

6.2.2　添加滤镜

滤镜可以用来实现图像的各种特殊效果，可以满足不同人对不同图片和影像的画面色彩参数的需求。下面接着图6-8所示的视频编辑界面继续为视频增添滤镜效果。

首先点击“滤镜”按钮（如图6-10所示），界面将跳转到图6-11所示的滤镜选择界面，从右向左滑动选择不同类型的滤镜。

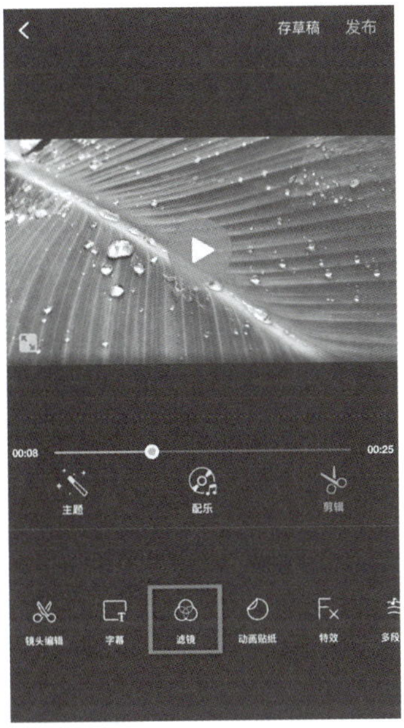

图6-10 点击“滤镜”按钮

图6-11 滤镜选择界面

根据视频主题和拍摄主体，从而确定视频色调的整体风格，这里选择如图6-12所示的“风之诗8”滤镜，为整体画面笼罩一层薄薄轻纱的感觉，增添清晨露珠的朦胧美感。接着为第二段视频添加滤镜，选择“晨露”滤镜，增添画面的温馨与静谧感，如图6-13所示。

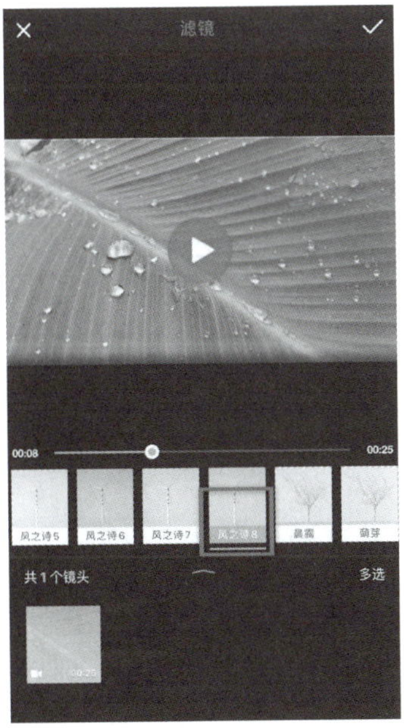

图6-12 添加“风之诗8”滤镜

图6-13 添加“晨露”滤镜

6.2.3 背景音乐

背景音乐的选择有时是短视频成功的关键因素，适合的背景音乐有时是一个短视频的画龙点睛之笔。

点击图6-14所示的“多段配乐”按钮，随后进入到图6-15所示的多段配乐界面，并点击“添加音乐”按钮，进入选择音乐界面。

图6-14　点击“多段配乐”按钮

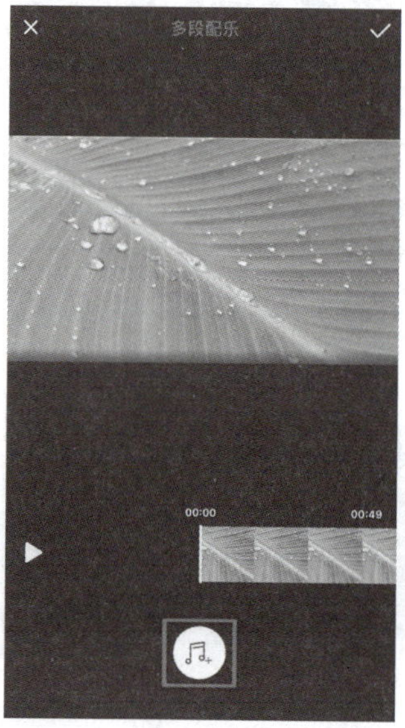

图6-15　点击“添加音乐”按钮

在音乐选择界面，有三种渠道可以选择音乐，分别为：网络、已下载和本地。在网络选项中，将音乐再次细分为轻松欢快类、纯音乐、旅行治愈类等。根据视频主题进行选择，点击如图6-16中的“添加”按钮，将音乐添加到视频当中，跳转到图6-17所示的音乐位置调整界面，调整音乐位置，完成背景音乐的制作。

图6-16　选择音乐界面

图6-17　调整音乐位置界面

6.2.4　精准字幕

字幕可以将作品的中心思想更为明显的表达出来，创作者可以根据影片风格的不同选择对应的字幕边框、字体、颜色和效果。下面为“清晨露珠”视频添加字幕。

点击图6-18中的“字幕”按钮，跳转到如图6-19所示的界面，继续点击“添加字幕”按钮来到字幕编辑界面，如图6-20所示。

在图6-20中，分别有“边框”“字体”“颜色”和“效果”的选项。创作者可以根据作品类型依次进行选择，先在屏幕中输入文本内容为“大自然的馈赠”，然后选择“手绘型边框”搭配整体字幕效果。接着在“字体”选项中选择“汉仪小麦体”作为字幕的字体，并在“颜色”选项中选择清新典雅的白色为该字体的颜色。最后完成字幕的多项选择后，点击如图6-20界面中右上角的勾选项，跳转至如图6-21所示的字幕位置调整界面，对字幕出现的位置进行微调，完成字幕的制作。

图6-18　点击“字幕”按钮

图6-19　点击“添加字幕”按钮

图6-20　字幕编辑界面

图6-21　字幕位置调整界面

6.2.5 动画贴纸

以动画效果将贴纸呈现的方式，增添了视频的趣味性。有趣的灵魂万里挑一，不仅可以通过动画贴纸来吸引受众眼球，也能突出视频的主题内容，使其更加生动。

在图6-22所示界面中，点击“动画贴纸”按钮，跳转至图6-23动画贴纸界面，继续点击屏幕中的“添加贴纸”按钮，跳转到贴纸编辑界面，如图6-24所示。

图6-22 点击“动画贴纸”按钮

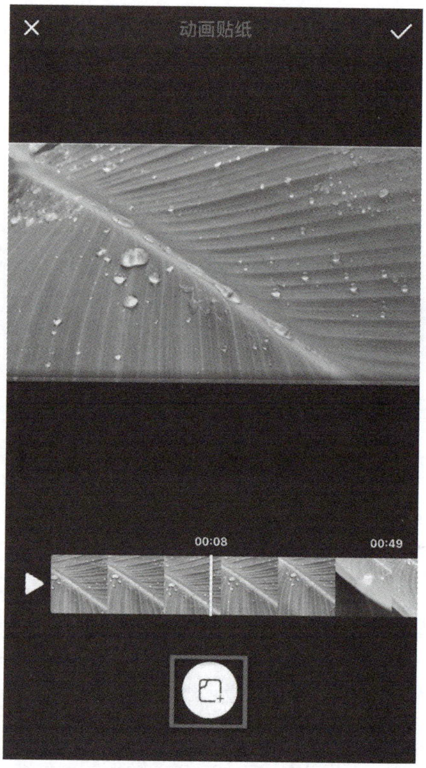

图6-23 点击“添加贴纸”按钮

在贴纸编辑界面中，贴纸栏有各种不同类型的多种动画贴纸可选，从右向左滑动可以选择贴纸类型，例如节日类贴纸即为符合各类节日气氛的贴纸动画，还有可爱类、心情类、亲子类、综艺类、旅行类等。根据视频作品的风格和构图，挑选相应贴纸，点击图6-24中的“免费下载”按钮，即可获得贴纸动画。视频“清晨露珠”为挑选旅行类贴纸中的“手绘线条贴纸”为其搭配。

选择合适的贴纸后，贴纸将会出现在视频画面上，如图6-25所示。贴纸的左上角按钮为“翻转”按钮，点击即可翻转贴纸；贴纸的右下角按钮为“调整大小”按钮，点击即可拉动大小和角度。完成贴纸位置调整后，点击屏幕右上角的勾选项，即可完成动画贴纸的制作。

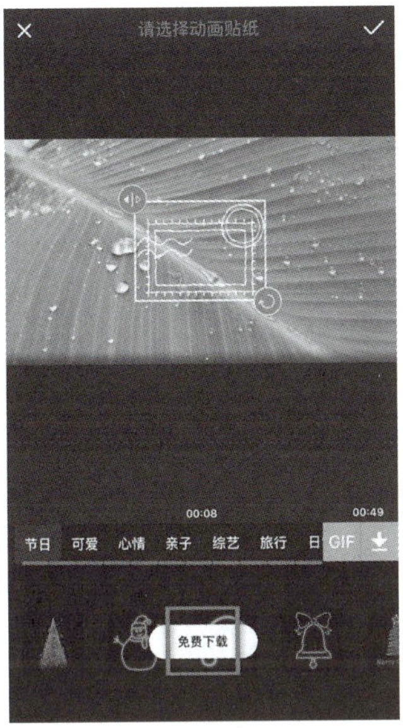

图6-24 贴纸编辑界面

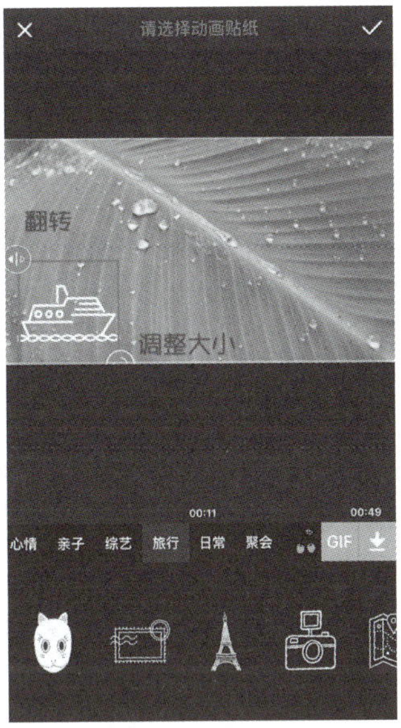

图6-25 贴纸位置调整界面

6.2.6 转场效果

视频是由多个片段依次连接组合形成的，片段是视频作品最基本的结构形式，而片段与片段、场景与场景之间的过渡或转换，叫作转场。转场效果可以让镜头间的转换变得更加引人注目，增添整体的韵律感和生动性。

点击图6-26中的“转场”按钮，跳转至如图6-27所示的转场界面。在小影App的当前界面中，最左侧有一个“下载更多”按钮，点击此处，即可下载多种风格迥异的转场效果。根据视频的主题及拍摄风格，我们点击第一段视频和第二段视频间的按钮，选择其风格相对应的“笔刷”转场效果，如图6-28所示。再点击第二段视频和第三段视频间的按钮，选择“交叉淡化”转场效果，如图6-29所示，即可完成添加转场特效的制作。

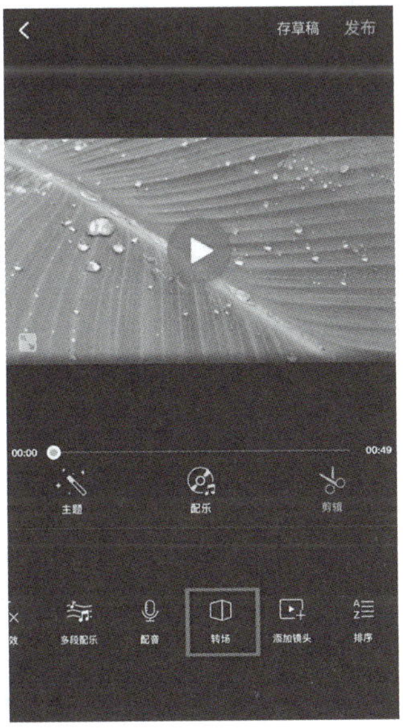

图6-26 点击“转场”按钮

图6-27 点击“下载更多”按钮

图6-28　添加“笔刷”转场效果

图6-29　添加“交叉淡化”转场效果

6.2.7　加入特效

在添加完转场效果之后，为视频添加适合其风格的特效。一个合适的特效能为视频添砖加瓦，增加视频对用户的吸引力。在图6-30界面中，点击“特效”按钮，跳转至如图6-31所示的特效界面，在对应帧处点击“添加特效”按钮，即可跳转至选择特效界面，如图6-32所示。

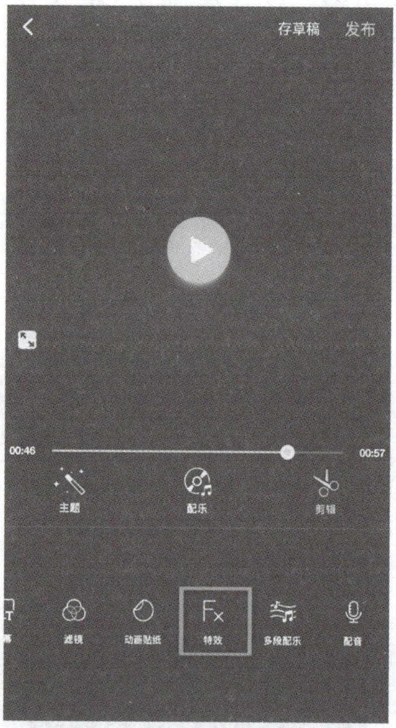

图6-30　点击“特效”按钮

图6-31　点击“添加特效”按钮

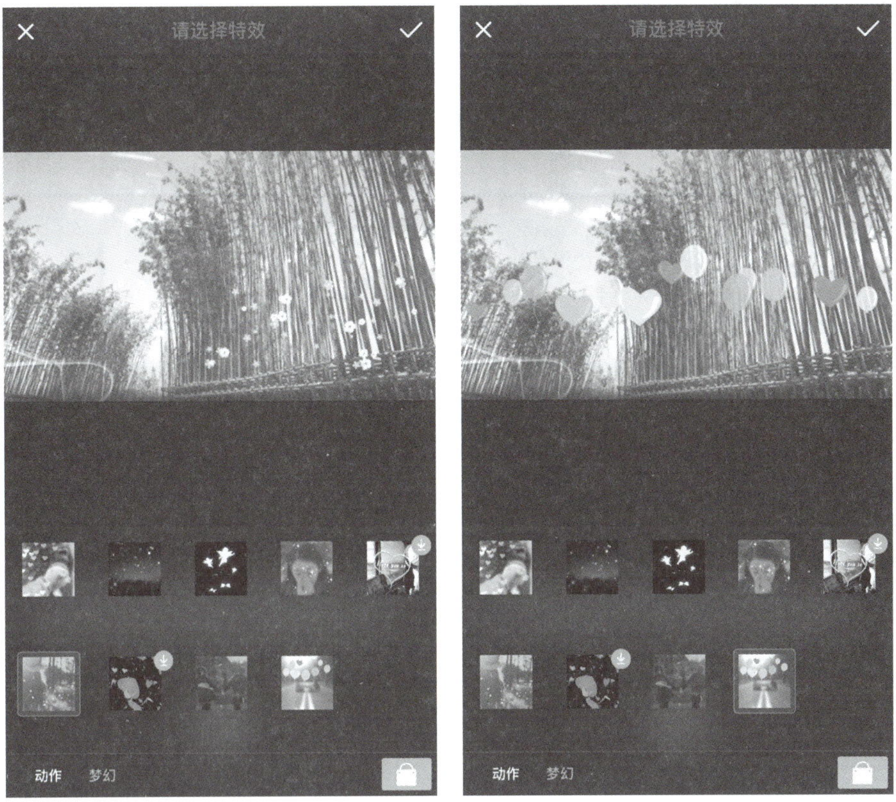

图6-32 选择特效界面

在选择特效界面，可以根据视频作品的主题和拍摄风格来决定对应特效。在“清晨露珠”这一视频中，可以添加“花瓣飞舞”特效或者“气球飞扬”特效来烘托整体欢乐轻松的氛围。点击图6-32中右上角的勾选项，即可完成添加特效的制作。

6.3 发布分享

“清晨露珠”这一视频的后期制作已经完成，前几小节对于前期拍摄和后期制作的学习是打造史诗级作品的重要环节，而优秀的作品唯有让更多的人欣赏才能发挥它最大的价值。广泛的传播是创作者努力的方向，本节将选择快手App作为主要传播渠道，对视频的发布分享做概要介绍，抖音及其他平台发布分享的操作方法与此类似。

6.3.1 导出保存

视频在保存的过程当中也有许多细节需要注意。特效制作完成并保存后，点击图6-33中右上角的“发布”按钮，跳转至如图6-34所示的分享界面，点击“保存到相册”按钮，系统将提示选择导出视频的尺寸，如图6-35所示，在界面中选择画质较好的高清（1080p）选项，即可将制作好的视频保存至手机系统相册中，如图6-36所示。

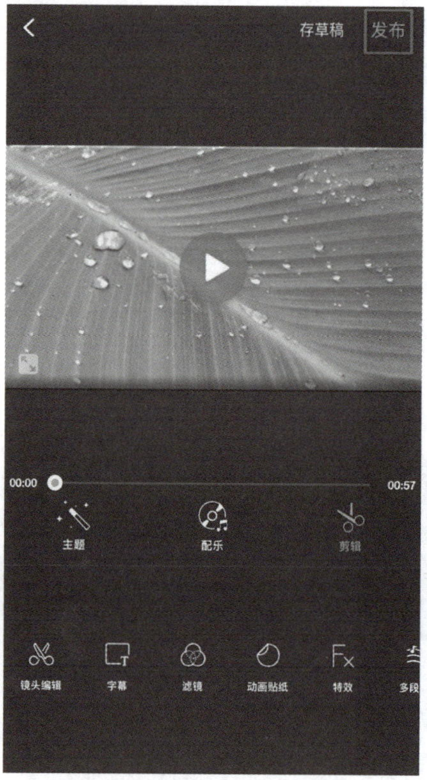

图6-33　点击“发布”按钮

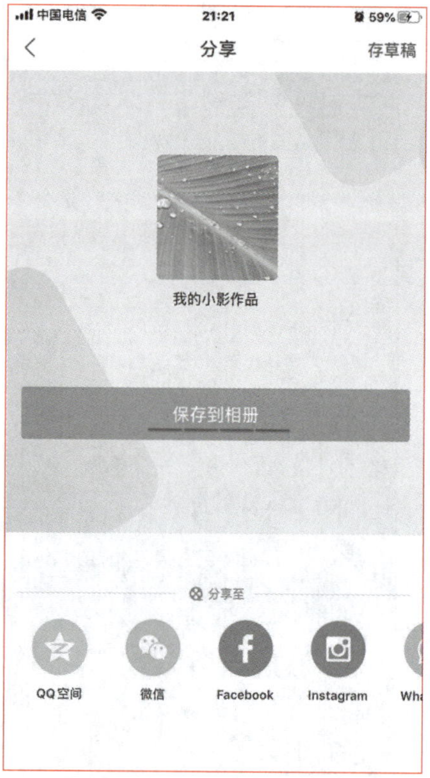

图6-34　点击“保存到相册”按钮

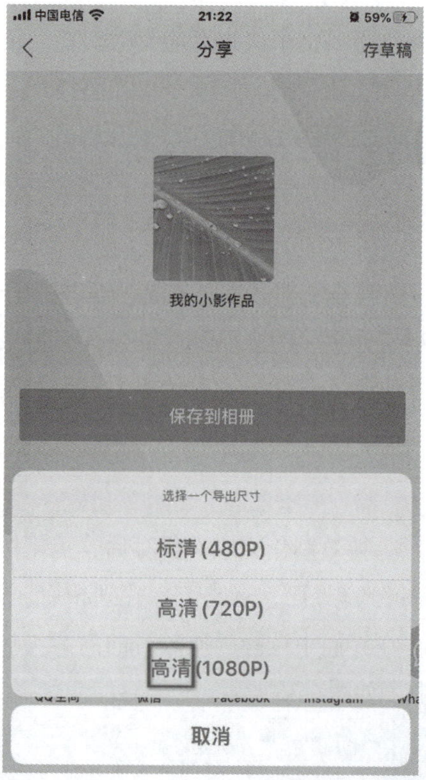

图6-35　选择视频画质界面

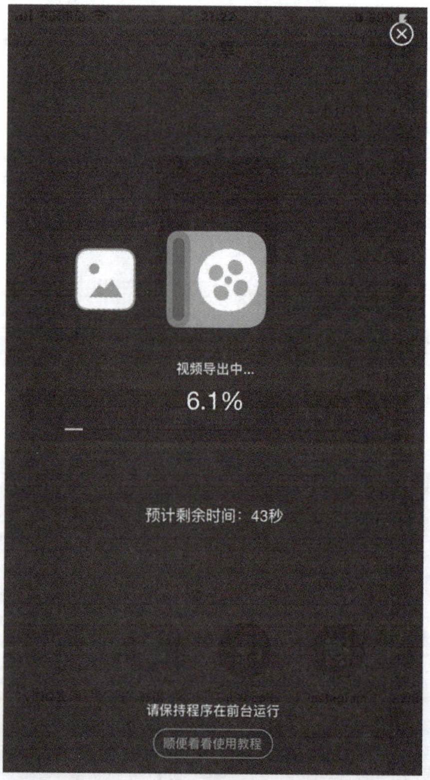

图6-36　视频保存导出界面

6.3.2　发布分享

将快手App下载至移动端设备中，点击进入快手App后，点击界面中间下方的“视频发布”按钮，如图6-37所示，跳转至如图6-38所示的界面，点击右下角的“相册”按钮，即可跳转至手机系统相册，选择需要发布的视频，如图6-39所示。

图6-37　快手App主界面

图6-38　点击“相册”按钮

选择了需要发布的视频后，点击“下一步”按钮，即可跳转至如图6-40所示的快手App视频预览界面。点击“下一步”按钮，进入快手App视频编辑界面，如图6-41所示。

点击图6-41中的“封面”按钮，跳转至如图6-42所示的视频封面选择界面。用手拉动视频，选择合适帧作为视频的封面图，这里选择了一张带有字幕的图片，来展示视频的中心思想，如图6-43所示。

在选择了合适的封面后，点击界面中右下角的勾选项，即可跳转至视频的文案编辑界面，如图6-44所示。在该界面中，可以点击界面中所示的“话题”按钮，选择与视频文案相契合的热门话题，为视频增加曝光率。最后，点击界面下方的“发布”按钮，即可完成视频的发布。

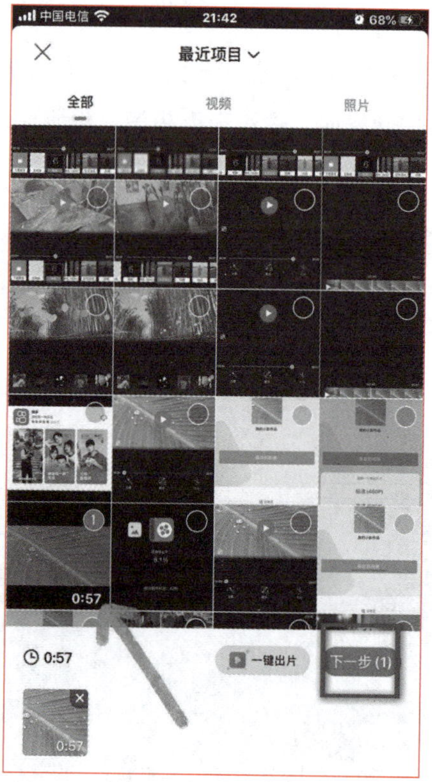

图6-39　选择视频界面

图6-40　快手App视频预览界面

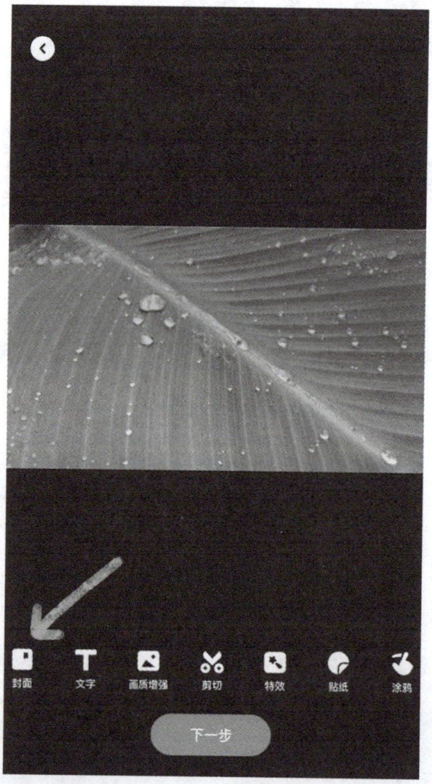

图6-41　快手App视频编辑界面

图6-42　视频封面选择界面

图6-43 选择合适帧作为封面

图6-44 视频文案编辑界面

项目实施

任务 6.1 拍摄一则农产品宣传短视频

步骤 1：以小组为单位，明确目标和受众，选取有特色的农产品，制定故事路线和主题。

步骤 2：根据制定的拍摄主题对选取的农产品进行拍摄，拍摄过程中注意画质的清晰度、拍摄角度和景别、拍摄环境和背景、展示农产品特色等事项。

任务 6.2 对短视频进行后期制作并发布

步骤 1：为拍摄完成的短视频进行剪辑，添加配乐和字幕，选择合适的特效和转场，优化视频长度。

步骤 2：将剪辑完成的短视频导出并发布。

项目小结

根据本项目的要求，首先要学习短视频前期拍摄，包括拍前准备、具体拍法；拍摄完成后需要进行后期制作，从导入视频到添加滤镜、选择背景音乐、准备字幕、添加贴纸、添加转账效果和特效，循序渐进的讲解制作过程；制作完成后对视频进行发布分享。

知识巩固

1. 简述自己在短视频制作前期拍摄的心得体会。
2. 简述自己在短视频后期制作的心得体会。

拓展任务

以小组为单位，选择一款农产品，拍摄并制作一则1分钟以内的该农产品的宣传短视频，不限制拍摄手法和技巧，完成后小组间相互交流讨论心得体会。

笔记栏

项目测评

学习成果达成与测评

<table>
<tr><td>学号</td><td></td><td>姓名</td><td></td><td>项目序号</td><td></td><td>项目名称</td><td>短视频制作</td><td>学时</td><td>12</td><td>学分</td><td>0.3</td></tr>
<tr><td>职业技能等级</td><td>中级</td><td colspan="3">职业能力</td><td colspan="5"></td><td>子任务数</td><td>3个</td></tr>
<tr><td>序号</td><td colspan="2">评价内容</td><td colspan="8">评价标准</td><td>分数</td></tr>
<tr><td>1</td><td colspan="2">短视频的前期拍摄</td><td colspan="8">熟悉不同短视频类型的拍摄制作</td><td></td></tr>
<tr><td>2</td><td colspan="2">短视频的后期制作</td><td colspan="8">掌握加入特效功能，完成特定氛围的精心营造</td><td></td></tr>
<tr><td>3</td><td colspan="2">短视频的制作发布</td><td colspan="8">导出并保存短视频，完成发布</td><td></td></tr>
<tr><td rowspan="2">考核评价</td><td colspan="10">项目整体分数（每项评价内容分值为1分）</td><td></td></tr>
<tr><td colspan="11">指导教师评语</td></tr>
<tr><td>备注</td><td colspan="11">奖励：
1．按照完成质量给予1～10分奖励，额外加分不超过5分。
2．每超额完成1个任务，额外加分3分。
3．巩固提升任务完成优秀，额外加分2分。
惩罚：
1．完成任务超过规定时间扣2分。
2．完成任务有缺项每项扣2分。
3．任务实施报告编写歪曲事实，个人杜撰或有抄袭内容不予评分。</td></tr>
</table>

学习成果实施报告书

题目					
班级		姓名		学号	

任务实施报告

请简要记述学习过程中完成的各项任务，描述任务规划以及实施过程，遇到的重难点以及解决过程，总结不同类型爆款短视频的属性等。

考核评价（按10分制）

教师评语：	态度分数	
	工作量分数	

考评规则

工作量考核标准：

1. 任务完成及时。
2. 操作规范。
3. 实施报告书内容真实可靠，条理清晰，文本流畅，逻辑性强。
4. 没有完成工作量，扣1分，故意抄袭实施报告扣5分。

项目7 短视频直播运营

学习目标

【知识目标】

◎ 了解评价直播内容质量的标准；

◎ 掌握增强直播内容创意的技巧；

◎ 掌握直播活动的基本流程；

◎ 熟悉直播选品的依据和主要渠道；

◎ 掌握直播前、直播中和直播后的引流策略；

◎ 掌握基础的直播运营知识。

【能力目标】

◎ 能够撰写一份完整的单品直播脚本和整场直播脚本；

◎ 能够根据直播活动的基本流程，制定不同的引流策略；

◎ 能够在熟悉的直播平台上，发起一场主题明确的直播活动。

【素质目标】

◎ 培育并践行社会主义核心价值观；

◎ 提高直播风险防范意识；

◎ 能够和团队成员协同，提升直播运营能力，完成项目实施和拓展任务。

项目概述

【情境描述】

晓慕在校园招聘会现场逛了一大圈，发现多家用人单位都设置了直播类的岗位，比如视频主播、直播助理、直播选品师、直播运营、直播策划、直播商品开发设计等。虽然直播行业为求职者提供了很多岗位工作和机会，但是要求也在逐步提高，有些用人单位明确应聘人员要“一专多能”，既要会设计直播活动，又要会撰写直播脚本，还要懂选品和运营。

【场景案例】

珀莱雅的电商之路

珀莱雅2003年诞生于中国杭州。2017年之后，珀莱雅开始转换渠道重心，拥抱线上渠道。仅用6年时间，线上销售额已经占比全年销售额的85%，达75.65亿元，位列2022—2023天猫TOP品牌里的美容美妆榜单国货品牌第一名。

用户熟知珀莱雅，少不了主播们在直播间的热情推荐。有机构统计，仅在2023年内，珀莱雅在某主播的直播间出现了近百次。珀莱雅跟随电商的步伐全力发展直播带货模式，在该模式下，主播会从产品展示环节和直播内容上下功夫，将品牌的商品内核、文化故事传递出去。

除了和头部KOL密切合作外，珀莱雅还一直坚持品牌自播，仅抖音平台，珀莱雅就布局了“珀莱雅官方旗舰店”“珀莱雅官方旗舰店直播间”“珀莱雅PROYA福利社”等多个官方蓝V直播账号，围绕主账号建立了庞大的账号矩阵。

从2023年的全年直播数据看，珀莱雅有些直播账号全年无休；从直播间主题来看，除年货节、618、双十一、双十二、抖音超品日等渠道大促活动，日常开播中还会将促销信息直接作为主题写进账号名称和简介中，用来吸引粉丝进入。

【课堂讨论】

1. 试着总结直播活动的引流方法。
2. 结合观看直播的经验，总结直播过程中常见的营销玩法。

知识准备

互联网、移动互联网等技术的迅速发展，深刻改变着人们的行为习惯，人们生活、工作和消费逐渐趋于线上化。目前，人人可播，物物可播的景象蔚为壮观。

本项目将从对直播内容的认知出发，详细介绍直播活动流程、直播节奏与控场、直播活动设计、直播选品策略、直播引流推广和直播运营基础几个方面。

7.1 直播内容认知

本节从评价直播内容质量的标准、增强直播内容创意、提升直播内容吸引力三个层面完成对直播内容的基础认知。

【课堂讨论】

1. 分享一个你经常观看的直播间，分析该直播间特色。
2. 根据你的观看体验，你认为该直播间有没有可以改进优化的地方。

7.1.1 评价直播内容质量的标准

无论是何种形式的直播，直播间能否脱颖而出，内容是关键。评价直播内容的标准主要有两个，一是内容的精彩程度，二是内容的表现形式。

1. 内容的精彩程度

高水准的直播往往内容有深度、直播玩法新颖有趣、主播具备一定的人格魅力。以内容深度为例，就要求主播能够在直播中做到有理有节有情。首先，要言之有物，语言组织流畅，表达的观点和见解既独特新奇，又能让人信服；其次，要有节制，不能大放厥词，罔顾法律道德规范和短视频直播平台规定；最后，要重视与直播间的用户互动，能够体察用户的需求，具备隔屏共情能力。

2. 内容的表现形式

网络直播是指借助互联网，以视频、音频等方式展示内容，与用户实时互动的一种网络活动。根据用户参与直播的目的划分，直播可以分为内容直播、社交直播、商业直播三种形式。

（1）内容直播

内容直播指的是以内容消费为目的的网络直播活动，主要目的在于让用户为内容买单，常见的有娱乐直播、资讯直播、知识直播等。

娱乐性直播是指以娱乐、幽默的形式开展直播，满足人们快节奏生活下的工作压力大需要身心放松的心理需求，比如直播间表演脱口秀、相声等。

一些重大的突发性事件、新闻事件更适宜开展资讯直播，这是因为这些突发新闻事件往往具备重要性、突发性及敏感性特征，容易引起公众的关注。

知识直播是在直播间以授课的方式传递知识和技能，这些直播看起来很轻松，互动性强，又让用户产生学到了东西的满足感。

（2）社交直播

社交直播是以满足社交需求为目的的网络直播活动，具备娱乐与情感互动的特征，最典型形式为秀场直播。秀场主播跟电商主播不同，他们不带货不销售，是通过唱歌、跳舞、聊天等方式吸引用户进入直播间，纯粹靠用户打赏礼物获得效益。为了增强用户与主播的互动性和黏性，直播平台推出了不少的新功能，如一对一直播、私信、连麦等，来满足用户的交友需求和情感互动。

（3）商业直播

商业直播指的是以拉动消费为目的的网络直播活动，常见的有带货直播、金融直播、企业直播等。其中直播电商作为一种新兴的商业形态，从人、货、场三个维度对零售业进行重塑，引起了社会各界的广泛关注。商务部数据显示，2020年上半年，全国直播电商的场次超过1 000万场，活跃主播人数超过40万，观看人次超过500亿，上架商品数量超过了2 000万。到了2021年，果集数据显示，仅抖音与快手两个平台的带货直播场次就超过7 500万场，直播带货商品链接数超3.9亿个，直播电商交易规模接近万亿。

7.1.2 增强直播内容的创意性

增强直播内容的创意性，会让直播形式新颖有看点，摆脱同质化竞争。直播内容的创意性可以从以下几个方面挖掘。

1. 知己：认知自身优势

主播首先要挖掘盘点自己喜欢并擅长的领域，找到优势，这样才能在直播过程中发挥优势，创作出受欢迎的直播内容。

主播一旦找到自己的特长优势，明确深耕领域后，还需要对直播专业的知识与技能强加学习和练习，体现主播的职业性。

2. 知彼：挖掘用户需求

高质量的直播内容一定要以用户为中心，从用户的观看需求出发，寻找用户的兴趣点和痛点。马斯洛需求层次理论如图 7-1 所示，可根据此理论挖掘用户需求。

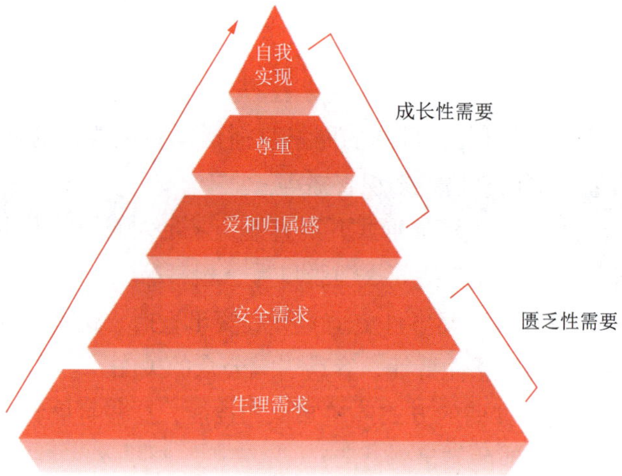

图7-1　马斯洛需求层次理论

除了挖掘用户需求，还要观察竞争对手和所在领域头部主播的直播情况，研究和分析他们的直播内容，不断地向标杆模范学习，向同行借鉴，时刻优化自身的直播内容。

3. 策略：打造垂直度

为了让用户持续关注直播间，还需要采用垂直型策略。所谓垂直型策略是指针对某个特定领域、特定人群或者某些特定需求来提供信息或服务。外化为直播账号的定位、标签、内容都具备专、精、深的特点。

品牌或企业除了在直播中展示商品外，还可以从以下三个角度入手打造具有高垂直度的直播间。

（1）以商品或服务为中心进行知识延伸

过于直接、硬性的推销方式容易引起用户反感，而如果能够在直播中分享与商品或服务相关的延伸知识，用户则更容易接受。以服饰为例，主播除了介绍商品本身，还可以介绍服饰的搭配、洗涤方法等，以增加直播内容的有用性和深度。

（2）展示品牌或企业文化

文化层面的内容最能反映直播底蕴，有利于促进用户对品牌和企业的了解，增强用户对品牌和企业的认可度与信任度，因此品牌或企业可以在直播中通过展示经营理念和企业文化彰显品牌价值。

（3）直播过程中构建场景

主播在直播过程中通过语言为用户构建使用场景，可以有效激发用户的代入感。在构建场景时，可以通过搭配其他同质或高质商品与直播商品交相辉映。

4. 热点：借助热点制造话题

热点是某段时期内引人关注的话题、事件等焦点性内容，有热点就意味着有注意力和流量。热点影响范围广、传播速度快，因此在策划直播时，如果能够充分及时地利用好热点，往往能够达到事半功倍的效果。一般来说，借助热点往往需要经过四个步骤。

（1）热点的梳理、搜集、筛选

热点通常分为可预见性热点和突发性热点两大类，热点的类型和特点见表7-1。主播想要借助热点做话题，对于可预见性的热点就需要提前策划，需要通过提前策划，做到出奇制胜；对于突发性的热点，重在不缺席，因此响应速度要快。

表7-1　热点的类型和特点

热点类型	释　义	特　点
可预见性热点	在一定时间内一定会发生的热点，或者是可以预见的即将萌芽的热点，如大众熟知的国家法定节假日、纪念日、大型赛事活动等	1. 备受关注 2. 发生的时间、持续时间相对固定 3. 可以提前筹备直播策划 4. 同质化内容多，考验直播策划的创意
突发性热点	突发的热点事件，比如一些社会事件、娱乐八卦、直播新闻等不可预见的活动、事件	1. 发生突然、爆发快，对于主播的反应速度要求比较高 2. 流量大

一般来说可以借助各大社交平台和数据平台搜集热点，如微博热搜榜、抖音热榜、头条指数、百度热点、清博大数据等。

（2）热点分析

对热点的分析主要体现在以下几个方面：该热点是否值得跟？热点是否符合自身的直播定位？如果要跟热点，如何跟？

将热点的影响力和热点与直播自身的相关度两个维度作为思考依据，在策划直播内容时，要优先选择和自身相关度高、影响力大的热点。热点跟进象限判断法见图7-2。

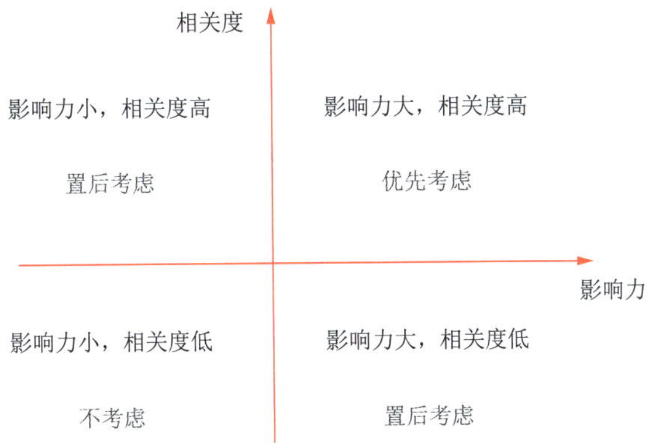

图7-2　热点跟进象限判断法

另外，主播还需要对热点所处的传播阶段进行分析。一般来说，对于刚爆发的热点，只要能够及时抓住，往往能够获得比较可观的流量；对于已经传播了几个小时的热点，主播通过深入分析与深度解读，发表自己的见解和看法也能吸引人的注意；对于已经传播一天热度有所降低的热点，主播可以通过盘点热点的来龙去脉，对素材整合再创作进而从全新的角度解读热点，另辟蹊径吸引用户的注意。

（3）借助热点策划内容

首先，找准热点的切入角度。借助热点的“势”时，首先要找准角度，角度的选择要注意从用户的需求和直播间的特征寻找契合点。

其次，整体规划直播内容。选好热点的切入角度后，还需要依据内容，统筹整体的直播内容，将策划变成具体的执行方案。

最后，明确发布时间。无论是直播前的造势短视频发布，还是直播的播出时间，都需要注意时机，既要考虑热点的时效性，又要考虑目标用户观看直播的习惯。

（4）效果分析

热点内容发布后，还需要持续关注其效果，以便于再次优化。进行效果分析时，运营人员可以追问两个问题。第一，假设效果没有达到预期，那么问题出现在哪里？第二，假设效果较佳，该怎样让其效果最大化？以上两个问题，有助于运营人员在后续的工作中，针对性地去优化相关因素，总结经验，提升直播间的运营效果。

5．互动：让用户参与直播内容生产

主播可以动员忠诚粉丝的力量，“以点带面”让用户主动参与到直播内容的生产中，提高用户的积极性和获得感。

（1）情绪化渲染

当直播间具有一定的人气时，主播可以在直播过程中讲述一些温馨或充满正能量的小故事，对直播内容进行情绪上的渲染，从而激发直播间用户的评论、点赞和转发欲望。

（2）活跃评论区

在观看直播的过程中，用户可以在评论区畅所欲言。主播要善于利用讨论话题，鼓励用户在评论区发表观点和看法。除此之外，主播还可以在评论区通过请教、发起投票、征集意见的方式调动用户的积极性。

7.1.3 提升直播内容的吸引力

在提升直播内容吸引力策略上，可以从三个方面入手。一是坚持直播内容的原创性；二是注重直播内容的真实性；三是提升直播内容的文化内涵。

1．坚持直播内容的原创性

随着直播市场的蓬勃发展，“入局者”众多，而直播内容良莠不齐。但用户对高质量、原创性内容的需求始终不变。要坚持做到直播内容的原创性，既要做到遵守直播的原则，又要做好直播内容规划。

（1）遵守“三性原则”

直播内容的“三性原则”见图7-3。

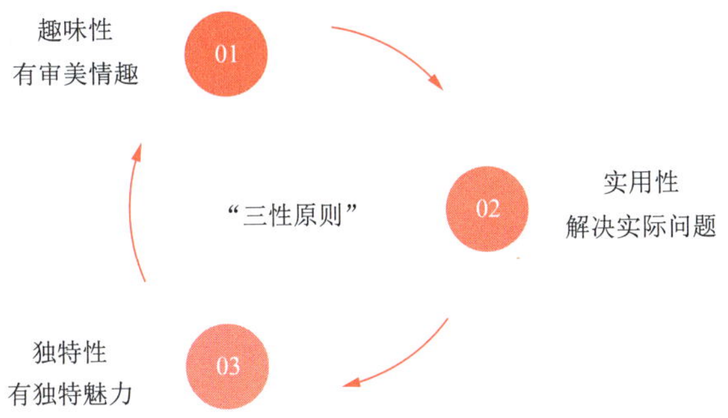

图7-3 直播内容的“三性原则”

趣味性是指直播内容能够给用户带去独特的审美情趣；实用性指的是直播内容要有“干货”，能够帮助用户解决一些实际性的问题；独特性则是指主播要有个人独特魅力。对于电商直播来说，更需要主播能够根据商品或品牌的特点，结合自身个性去组织直播内容，吸引用户注意，激发用户兴趣。

（2）做好直播内容规划

优质的直播内容规划不仅能让主播省时、省力地完成直播，还可以提升直播的质量，提高用户的黏性。

例如，某主播计划做一场关于护肤品的推广直播，便可以从“商品形态与成分”“商品功能与效果”“促销或销售活动介绍”“使用场景与体验”四个维度进行内容规划，见表7-2。

表7-2 直播推广护肤品的内容规划

内容规划	具体内容
商品形态与成分	介绍护肤品的形态、成分、生物技术、商品的包装设计等，体现主播的专业性
商品功能与效果	介绍护肤品的功能，展示使用后的效果，介绍护肤的基础知识，现场演示等，让用户有直观的认识
促销或销售活动介绍	介绍商品的价格、购买的方法、购买的优惠信息等，刺激用户的下单欲望
使用场景与体验	可以结合护肤品的功能阐释使用场景，邀请购买过的用户分享使用体验等，提升直播间用户的信任度

2. 注重直播内容的真实性

真实的直播内容和真情实感才能打动用户，因此在策划直播内容时，可以充分发挥创意，但是不能牵强附会，无中生有。以直播电商为例，注重直播内容的真实性还体现在直播中发布的商品、服务信息应当真实、科学、准确，主播不得对商品和服务进行虚假宣传，欺骗、误导消费者。

3. 提升直播内容的文化内涵

随着直播领域内容运营的细化和用户文化素养的提升，单纯高颜值和拼低俗的时代已经一去不复返。高质量、有文化内涵的直播内容更受用户青睐，并逐渐成为直播内容发展的主流。因此，无论是个人主播还是采用直播营销的企业，都要在创作具有文化内涵、审美底蕴和积极健康的直播内容上下功夫。这是因为低俗的直播内容会让用户将企业品牌与

“庸俗”画上等号，而具有文化内涵的直播内容则会让用户将企业品牌与“高端”画上等号。对于企业而言，在直播间营造独具特色的文化氛围，还意味着品牌有更高的溢价。

【课堂讨论】

1. 分享一个你认为有文化内涵的直播间。
2. 分析该直播间的互动特色。

7.2 直播活动流程

为保障直播的顺利进行，达到直播活动的预期效果，直播运营团队需要在直播前对直播的整体流程进行规划和设计。一般来说直播活动分为环环相扣的六个环节。

7.2.1 明确直播目标

做任何事情都需要目标先行。目标一旦明确，后续的工作才能有目的、有针对性。一般来说，直播目标可以分为商品销售、品牌宣传、活动造势、粉丝互动等。直播目标的设定可以遵守管理学大师彼得•德鲁克提出的SMART原则，SMART原则与应用举例见表7-3。

表7-3 SMART原则与举例应用

SMART原则	释义	举例
Specific（具体的）	直播目标必须是明确的清晰的，不能笼统不清晰	借助此次直播提升官方抖音账号粉丝数量
Measurable（可衡量的）	直播目标要是数量化的或行为的，应该有明确的数据作为衡量目标是否达成的依据	利用此次直播，官方抖音账号粉丝数量增加10 000个
Attainable（可达成的）	直播目标制定不能天马行空，必须切合实际，是通过努力可以实现的	根据上场直播巅峰观看人数8万，设定本场直播的观看人数目标达到10万
Relevant（相关的）	直播的目标要与其他目标有一定相关性	假设此次直播的目标是商品的生产合格率从98%提升到99%，就不具有相关性
Time-based（有时限的）	直播目标必须具有明确的截止期限	在这场直播结束后的24小时内，官方抖音账号粉丝数量增加10 000个

7.2.2 制定直播宣传规划

制定切实可行的直播宣传规划，是一场直播活动达到预期效果的关键。在做直播宣传规划时，可以从三个方面入手。

首先，要选择合适的宣发平台。每个平台的特性不同，用户的使用习惯也不相同。直播运营团队需要分析目标用户的网络浏览习惯，在用户经常出现或活跃的平台发布直播宣传信息，促进直播信息的广泛触达。

其次，要选择合适的宣传频率。直播运营团队应该考虑用户对于同类信息的接受程度，切忌频繁地向用户推送直播信息，但是如果宣传的次数不够有可能导致信息石沉大海，无法触达。为了避免出现以上情况，直播运营团队可以多设计几轮宣传，针对不同宣传阶段设计不同的宣传内容。

最后，要选择合适的宣传形式。要达到预期的宣传效果，不仅要解决“在哪宣传”的问题，还要解决“如何宣传”的问题。不同的社交平台对信息的呈现方式各不相同。比如，在小红书平台上，更加重视“文字+图片”的形式，封面图片尤其要做到格外地吸睛；在微博平台上，可以采用“文字+图片”“长图”或“文字+短视频”的形式，但是要注意话题的添加；在微信群、微信朋友圈则更多采用九宫格、信息图的形式；在抖音、快手、视频号等平台上，可以采用短视频的方式来宣传直播活动。

【课堂讨论】

如果你有以下爱好，通常会在哪些网站或平台活跃？

例如：手机测评：知乎平台

1．美妆穿搭：________

2．手机游戏：________

3．英语学习：________

4．娱乐八卦：________

5．时事政治：________

7.2.3 筹备直播活动

所谓“兵马未动，粮草先行”，事先做好各项筹备工作是确保直播顺利进行的关键。直播活动的筹备一般分为人员筹备和硬件筹备。

1．人员筹备

在人员筹备上，一个完备的直播团队包括主播、助理、场控、策划、商务、数据分析等人员构成。因此各个岗位的人员要清晰自己的角色分工。如一名带货主播在开播前不仅要熟悉直播流程，而且要对商品的详细信息全面了解，还需要清楚优惠促销的规则等。

2．硬件筹备

硬件筹备主要是筹备场地、道具、设备三个模块。

（1）筛选直播场地

直播活动的场地分为户外场地和室内场地。筛选直播场地时，要综合考虑直播的类型、直播的目的以及用户的生活场景和观看需求。

例如一些商品体验、街头采访的直播选用户外场地，可以增加节目的互动性和真实性。常见的户外直播场地有公园、商场、广场、游乐场、景区等。

一些商品体验、培训、见面会、电商直播等比较适合在室内进行，可以突出商品特点和营造直播间氛围。常见的室内直播场地有办公室、咖啡馆、店铺、住所、发布会场地等。

（2）准备直播道具

直播道具由展示商品、周边商品及宣传物料三部分组成。

商品包括展示商品和周边商品，直播前要准备好直播中使用的商品样品、展示架、商品宣传海报、详情页、商品玩偶等一系列以商品为中心的物料。宣传物料范围较广，包括企业定制化的海报、台标、胸卡、贴纸、气球等一系列直播中需要的物料。

（3）调试直播设备

在直播筹备阶段，需要对直播过程中使用的电脑、手机、麦克风、灯光、相机、摄像头、电源、网络等进行反复调试，防止设备发生故障，影响直播活动的顺利开展。

7.2.4 执行直播活动

直播活动的执行可以分为开场、过程、收尾三个环节。以一场电商直播为例，在直播活动的执行过程中，三个环节都要紧扣营销目的，通过运用不同的直播技巧，达到预期的直播效果。直播活动各环节操作要点见表7-4。

表7-4 直播活动各环节操作要点

执行环节	营销目的	预期效果	操作要点
直播开场	引起注意	快速引入	一般通过开场互动，要让用户了解直播的主题、内容等。为了吸引用户注意，常常会采用“开播福利”的形式，如发放购物券、福袋
直播过程	提高兴趣	产生信赖	借助营销策略和商品组合，提高用户的兴趣。为了让用户能够对直播产生信赖和沉浸感，经常会穿插评论互动、发红包、表演才艺等
直播收尾	产生购买	关注留念	直播收尾的核心是流量引导实现销售转化，因此常用的技巧包括真诚地向用户表示感谢、做出承诺并预告下场直播的内容，同时引导用户关注直播间、进粉丝团等

7.2.5 开展直播后期传播

直播结束并不意味着直播运营工作的结束，直播运营团队可以将直播过程中的图片、文字、视频等素材进行整理和加工创作，继续通过网络开展后期传播，进一步扩大直播的影响力。例如，可以撰写公关稿件来提升直播的知名度和美誉度；选取一些有趣的直播花絮在官方平台账号上进行发布，引起用户的共鸣。

7.2.6 总结直播效果

总结直播效果，对直播活动进行复盘，提炼出直播的经验和教训，为下一次直播提供优化依据和策划参考，一般直播复盘总结包括直播数据分析和直播经验总结两个部分。

直播数据是在直播过程中形成的客观数据，比如累积观看人数、累积订单量、成交额、人均观看时长、直播过程中各环节的互动数据等。直播经验总结则主要是从整体的直播策划、流程设计、团队配合、主播表现、评论引导等角度分析。

【课堂讨论】

1. 根据观看直播的经验，说出三种常见的直播开场脚本。
2. 直播间的互动方式有哪些？你更喜欢哪种互动方式，为什么？

7.3 直播节奏与控场

7.3.1 直播节奏设计

直播节奏设计是指在一场直播活动中，合理安排直播时间和内容。一般直播节奏可以分为预热、互动、PK、收尾四个阶段，每个阶段的直播内容和目的各不相同。以一场电商直播活动为例，直播节奏设计操作要点参见表7-5。

表7-5　直播节奏设计操作要点

直播节奏	主要内容	操作要点
第一阶段（预热）	活跃直播间气氛	直播刚开始，用户陆续进入直播间，此时可以先通过聊天的方式，介绍自己是谁、本场直播做什么，用福利留住用户
第二阶段（互动）	介绍商品功效	多角度展示商品，引导直播间用户互动，引导用户说出痛点和需求，详细介绍商品的卖点、使用感受、商品功能、商品优势等
第三阶段（PK）	激发用户购买	强调直播商品与其他竞品的差异，主要体现在促销力度、商品优势上的差异，也可以通过现场实验、商品的稀缺性等提高用户期待，最后再公布商品的直播间价格
第四阶段（收尾）	刺激用户复购	为了让用户复购，可以介绍后续享有的服务，比如运费险、七天无理由退换货等，也可以邀请用户加入福利粉丝团

7.3.2　直播控场技巧

直播间虽是隔屏互动的艺术，但是主播的眼神、肢体、精神状态、直播的语言风格都直接影响着直播间用户的观感和体验。一个成熟的主播要能根据直播间的人数变化、粉丝的情绪反应、公屏的状态及时调整语言风格、互动方式、精神状态、直播节奏，以求达到最好的直播效果，常用的控场技巧便是互动。

高质量的直播互动能够有效提升直播间的人气和转化率。常见的互动方式有：提问控场和抽奖互动。无论是“我问你答”，还是“你问我答”，都会增加公屏对话量，提升人气。抽奖互动则是提升用户停留直播间时间的主要技巧。

7.4　直播活动设计

直播脚本是影响直播活动成功与否的关键因素之一。对于电商直播而言，直播脚本是直播目标具体化的体现，详细清晰的脚本设计是流程管理、过程管理和直播复盘的依据。直播脚本一般分为整场直播脚本和单品直播脚本两种类型。

7.4.1　整场直播脚本设计

整场直播脚本要对前文所述的直播流程和直播内容进行细致说明，以便直播团队协作高效。整场直播脚本设计包含表7-6所示内容。

表7-6　整场直播脚本设计操作要点

脚本内容	说　明	操作要点
直播目标	要明确目标。常见的直播目标有：拉新用户积累粉丝、提升转化数据、提高销售额等	根据自身需求进行单场目标设定
直播时间	要明确开播和下播的时间	根据定位和商品情况规划直播时长； 一般开播时间为固定的； 下播时间要准时
直播地点	明确直播地点	依据情况来确定是室内还是室外
直播主题	使用户了解直播信息，如“双十一母婴节专场”	十字以内的文案撰写，通过参与度、话题性、吸引度等引发用户关心和点击
商品数量	注明商品的数量	样品要提前备好

续 表

脚本内容	说　明	操作要点
主播介绍	介绍主播的名字、身份	寻找可宣传的亮点
人员分工	明确参与人员的职责，如主播负责讲解商品、演示商品功能、引导用户关注、下单等；助理负责协助主播与用户互动、回复用户问题等；场控负责商品上下架、修改商品价格等	根据直播脚本，做好角色分工协作
流程设计	根据详细规划的时间节奏在对应的节点铺设活动、商品上架、互动等环节	常规的开场预热、商品讲解、用户互动、结束预告等玩法都要精心设计。其中活动玩法的介绍要确保用户清晰易懂无异议
注意事项	说明直播的注意事项	如设备调试、物料准备等

7.4.2 单品直播脚本设计

单品直播脚本是基于某个商品的脚本设计，核心是突出商品卖点。以化妆品为例，其单品直播脚本可以围绕化妆品的成分、功效、安全性、配方、状态、用法等进行提炼说明。

单品直播脚本一般以表格形式呈现，其要点包含商品导入、卖点说明、利益点诉求、引导转化等，见表7-7。

表7-7　单品直播脚本设计操作要点

直播环节	操作要点
商品导入	通过热门话题或者用户使用痛点，为商品介绍做铺垫。如用“如何做到一整天不脱妆”的话题引出美妆商品
卖点说明	通过介绍商品的功能、功效，说明商品值得买，如美白亮肤、遮瑕等；通过介绍商品的成分、配方等商品属性说明商品物超所值
利益点诉求	介绍商品能够给用户带来的利益，这些利益除了卖点所提到的功能性利益诉求外，还包括精神层面的利益诉求，如“品味”“格调”，或者是社交利益的诉求
引导转化	引导用户从观望到下单，可以采用“限时限量”手法营造紧迫感，或者是“直播间专享价”“粉丝价”等形式体现价格优势

表7-8为在一场直播中，某化妆品的8分钟直播脚本示例。

表7-8　单品直播脚本示例

直播环节	操作要点
商品导入	（约1分钟）直播间的姐们们，听好了，有干皮或油皮，混油皮的扣个1。有没有一熬夜就脸垮面黄的姐妹，有的话扣个1。大家一定要注意补水保湿。今天给大家介绍的A品牌，真正的国际大牌，但是今天直播间的价格特别“亲民”，这套水乳就是专门拯救大家这些问题的
卖点说明	（约4分钟）这套水乳很大牌，原因就在于它的四大主要成分。成分1专门就是紧致皮肤的，成分1就能让你熬夜脸不松、不垮；这款商品的成分2适合我们的干皮、油皮、混合皮，敏感肌的姐妹也可以放心大胆用；成分3和成分4就是专门补水和锁水的，让皮肤更水嫩而且没有油光。皮肤比较干燥粗糙的姐妹，一定要试一试
利益点诉求	（约1分钟）秋冬交替季节更要注意补水保湿，这款商品不黏腻但是保湿锁水效果持久，而且也可以使用眼周，赶走眼角干纹、细纹
引导转化	（约2分钟）官方旗舰店的价格是999元，今天直播间的价格只要499元！而且还加赠一盒面霜。不仅如此，还给大家准备了旅行装一套。收到货的姐妹们，可以先用旅行装，不合适的再给退回来，支持七天无理由退货。但是数量有限，只有200套，大家拼手速。倒数三个数，上链接……

7.5 直播选品策略

高关注度、高销量的直播间离不开直播运营团队的选品能力，选品能力强意味着对顾客的洞察能力强。本节将从选品的原则、依据和渠道介绍直播间的选品策略。

【课堂讨论】

1. 假如你想通过直播带货，你会选择哪个品类的商品呢？说出你的理由？

2. 思考直播间的爆款商品一般具备什么特征？

3. 不是所有商品都适合直播销售，你觉得有哪些商品不适合直播销售，说出你的理由？

7.5.1 选品三原则

从某种程度上说，直播类似“买手模式”，需要直播团队能够在成千上万的商品中选择最适合粉丝的、性价比最高的商品进行推广。高质、低价、高频使用是所有主播选品中最为重视的三原则。

首先品质有保证。商品质量是生命线，品质高意味着客户口碑和复购率高。选品时可以从公司的品牌、公司的文化理念、价格定位、市场反馈等作为参考依据。

其次价格要低廉。此处的价格低廉指的是商品价格低于直播间用户心理预期的价格。如消费者对某款商品的心理预期是1 000元，如果直播间的优惠能够低于1 000元，就可以称之为低价。

最后商品使用频率高。高频商品是用户经常使用的商品。一般快消品、日用品使用频率高，直播间的低价策略往往能激发用户的购买欲。

除了以上三原则，直播间也需要注意选择一些新奇的商品、高颜值的商品，一方面能够满足用户对美好消费生活的需求，另一方面这些商品也往往因其观赏性和互动性，容易在直播间吸引注意力，营造直播氛围。

7.5.2 选品的依据

选品非常重要，但是如何选品更重要。

（1）是否符合市场趋势

选品第一步是观察市场趋势，一般来说直播间可以通过购买专门的服务商服务实现。这是因为传统的零售选品主要依赖经验，随着大数据产业的发展，现在的选品更加依赖算法选品，即利用大数据，将限制条件、内部和外部影响因素、商品标签等相关参数输入给模型，让模型给出推荐方案。例如，可以登录专门的网站——生意参谋，通过查阅热销商品的商品属性、功能属性、价格属性、排行榜等关键数据，从中分析得出自身的选品结论。

（2）是否有独特的卖点和竞争优势

明确的商品卖点和竞争优势可以作为主播的销售策略，推动消费者购买商品。一般来说，独特的卖点，具备“人无我有”的特征，卖点主要体现在商品的功能效用、商品成分、技术、包装等方面。

除了独特的销售主张外，还可以挖掘商品的竞争优势，比如原产地、第三方的检测/

认证、以往的销售数据、知名人士的背书等。

（3）是否有优质的用户体验

用户的体验感越好，意味着商品的复购率越高，消费者的黏性也越强，能够为品牌创造稳定的长期利益。

通俗地讲，用户体验是用户在使用一个商品之前、使用期间和使用之后的全部感受。用户体验可以通俗地理解为“商品好用吗”“用起来方便吗”，因此就要求选品团队在选品前亲身试用，形成商品使用体验报告。

（4）是否便于以多媒体的方式呈现

商品是否适合以短视频、直播等呈现方式向用户展示，也是直播选品的重要依据。比如，商品的外观颜值、商品的设计是不是美观方便；商品的使用体验是不是更容易描述；商品使用后的效果是否容易做效果对比；商品使用是否具有多功能的延展性等。

例如，在选择食品类商品时，如果商品自身的色彩、包装吸引人，凭借视觉传达，加上主播的试吃，就很容易激发用户的购买欲望；在选择某化妆品时，如果妆效明显容易上镜，主播往往采用现场直播试用的方式，诱导用户下单。

7.5.3 选品的渠道

对于电商直播来说，如果没有自己的货源渠道或者货源不稳定，都不利于直播间的长期运营。常见的货源渠道有线上渠道和线下渠道，但二者各有优缺点，需要商家结合自身实际进行选择。线上、线下渠道优缺点对比见表7-9。

表7-9 线上、线下渠道优缺点对比

渠道类型	货源	优点	缺点
线上渠道	抖音精选联盟、1688阿里巴巴采购批发网、淘宝、京东、拼多多等其他电商平台	库存压力小； 发货省时省力； 启动成本低	无法看到实物，商品质量难以把控； 商品同质化严重，缺乏特色； 竞争压力大
线下渠道	自制DIY、批发市场进货、厂家进货、加工制造等	品牌、价格、质量都有一定的控制力； 商品单价低，利润较高； 供应商关系维护相对稳定，信誉度高	库存压力较大； 进货周期较长； 启动成本高

7.6 直播引流推广

没有流量也就没有用户，为了使直播吸引更多的用户，直播运营就需要考虑在直播的前中后各个阶段，有的放矢地进行引流推广。

【课堂讨论】

1. 有人说，现在是“流量为王”的时代，你怎么看？
2. 如果你是一位在抖音平台上开播的校园新主播，你能想到哪些免费的引流方法。

7.6.1 直播前预热推广策略

直播预热是运用私域场景和公域场景相结合的方式，提前以预告的方式告知用户直播间的播出内容和福利以吸引感兴趣的用户可以在直播开始时及时进入直播间。

（1）直播平台私域场景

主播可以在抖音、快手等短视频平台上，利用账号名称、账号简介、粉丝群等的设置，来进行预告。

主播可以在直播之前更新账号名称，直接说明是“直播号”，也可以在账号简介中，用明确的文案提示直播时间，如“每天晚上7点40”“每天08:00直播”，如图7-4所示。

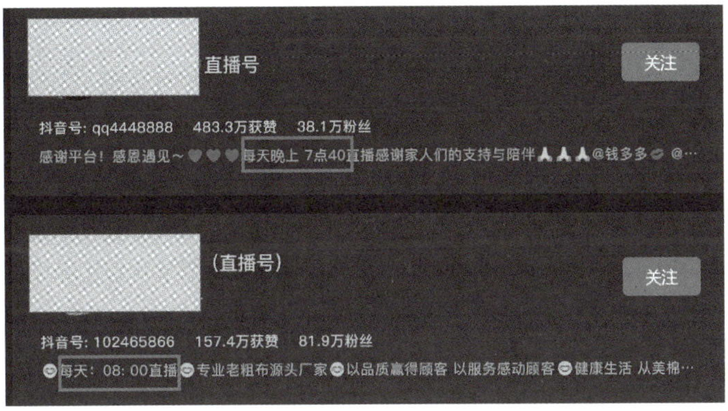

图7-4　在账号名称和账号简介中说明

主播还可以在自己的账号中发布预热短视频，一般来说预热短视频的创作前半部分要遵循以往的创作风格，在视频的结尾处设置悬念，吸引用户来直播间一探究竟。在发布视频时可以加上地理定位，更容易吸引同城推荐的新粉丝进入直播间。为了收获更好的引流效果，主播也可以借助各平台的付费引流工具，如抖音平台的DOU+。除此之外，主播还可以在自己的粉丝群里公告直播信息等。

（2）社交平台

随着移动互联网的快速发展，人们的工作、生活等与各式各样的社交软件相融合，如微信、微博、小红书、豆瓣、QQ等。因此在社交平台上进行直播宣传预热，能够网罗更多的站外流量。常用的引流方法有在微信群、朋友圈、微博、微信公众号、小红书、豆瓣、知乎等平台采用图文、短视频的形式进行直播预告，也可以发起有奖转发的活动吸引更多的流量。

7.6.2　直播中的引流推广策略

在直播过程中，为了让用户在直播间中停留，直播间能够得到更多的曝光，需要直播过程中开展多种形式的引流活动。常见的引流策略包括派发红包、福袋抽奖、发放商品优惠券、开展赠品促销、才艺表演、PK等。其中才艺表演、PK等常见于社交直播中。例如在直播过程中发个红包，设定领红包倒数计时，能够提高用户在直播的停留时间。

除了以上自然引流策略外，在直播过程中也可以开展付费引流。以抖音的DOU+推广为例，可以根据需求选择投放时长、投放金额以及具体的定向投放的类目对直播间加热引流。

7.6.3　直播后的引流策略

直播结束，直播间的用户也会马上散去，流量随之清空。为了将“流量”变成“留量”，直播结束后的核心工作是如何将流量引向销售平台或私域平台。

常见的策略是公布直播中奖用户联系客服领奖或领取购物福利、引导用户关注直播间、添加客服、加入粉丝社群等主播的私域平台。也可以将直播画面剪辑成有趣的视频或图片，放入短视频平台或者推广软文中，在社交平台开展二次传播，从而吸引更多的站外流量。

7.7 直播运营基础

直播运营相当于直播间的总指挥，需要统筹整个直播间。直播运营的工作是系统的，也是琐碎的。本节重点介绍产品运营、主播运营、场控运营和粉丝运营四方面内容。

7.7.1 产品运营——直播商品定价策略

商品价格是影响用户转化率的重要因素，对于用户来说，合理的定价和巧妙的语言，能够刺激价格敏感的用户观看和下单。对于主播来说，商品价格决定直播间的消费群体和利润空间。事实上，商品定价就是在划分客群，确定直播间的市场定位和竞争领域。例如，客单价30元与客单价300元的客户群体不同，直播间面临的竞争对手也不相同。

1．单品定价

一般来说，直播间的商品按照其作用的不同，定价策略也就不尽相同。一般来说，直播间商品可以分为引流款、利润款、福利款、战略款四种类型。

（1）引流款

引流款是高性价比或者是低价商品，常采用尾数定价策略，如0.9元、4.99元和19.9元，因为这类商品价格相对低，用户决策成本也低，比较有利于吸引流量。引流款常放在直播开头或人气下滑的阶段，利用限时限量秒杀的方式，营造直播间抢购氛围。

（2）利润款

利润款是确保直播间实现一定利润，能够引爆直播间的爆款，这类商品有一定销售利润，又被称作“正价款”。在商品定价时要将直播间的推广费用、库存风险以及活动折扣费用平摊到商品上。对于一些常规爆款的价格要在保证盈利的情况下比同行直播间略低一些，以提升直播间竞争力。

（3）福利款

福利款的卖点充分，是直播间性价比较高的商品，具备一定的流量承接能力。这类商品不追求利润追求销量，常采用阶梯形定价策略。例如，某婴幼儿辅食原价69元一罐，直播间的价格为第1罐39元、第2罐29元、第3罐19元、第4罐免费送。

（4）战略款

战略款一般是指高价值、高价格、高利润的商品，在直播间起到价格锚点的作用。例如直播间售卖的高端化妆品，虽然价格不菲，但是有利于提高直播间整体形象；同时高档商品的高价格也能衬托其他商品的优惠。这种商品的定价往往采用单品报价，突出稀缺感。

2．组合定价

组合定价策略一般可以采用“有买有赠”和“套餐组合”两种方式。

（1）有买有赠

“有买有赠”的定价策略是将高价商品与赠品款商品以套装的形式进行销售，尤其是在主推高客单价商品时，常搭配中、低客单价的赠品组合销售，诱导用户下单，促成直播成交。在赠品的选择时要注意以下三点。首先，赠品要与主销商品具有一定的关联性，如销售洗面奶附赠化妆棉；其次，赠品应具备较高的认知价格，这样才能给用户物超所值的感觉；最后，赠品的采购成本要低。

（2）套餐组合

“套餐组合”的定价策略是组合搭配畅销款、滞销款的单品，以联名款、限量版本的形式出现促成消费者下单购买。例如，把化妆品的水、乳、洗面奶的常规套餐打乱，组合成水、乳、面膜的组合套装。把握用户心理的“套餐组合”会给用户只此一家的感觉，增加用户与直播间的黏性。

7.7.2 主播运营——直播电商语言表达原则

带货主播的魅力主要体现在主播的“表演力”上，即以适当的肢体动作、面部表情和得体的语言表达向直播间用户展示商品。主播应做到商品卖点介绍时专业又有分寸，能够戳中消费者痛点，让人产生信赖；闲聊时风趣幽默又平易近人，让用户感受到真诚。

1. 彰显专业

直播话语的专业体现在对商品的理解能力和诠释能力上。面对一个商品，主播可以从产品的基础性知识，如成分、材质、生产工艺、功能、规格、包装、生产地、售后、使用等方面进行理解消化；诠释能力则是从商品延展出可以与用户发生关系的利益点的能力，主播可以从用户最关心的问题和感兴趣的内容设置话题进行诠释。

2. 洞悉心理

在用户至上的直播间，主播需要深度剖析用户的购买动机，清晰理解整个成交过程中的用户消费心理动线。用户消费心理动线是指用户购买产品的前期、中期和后期要经历引起注意、引发兴趣、唤起欲望、决定下单、产品体验、使用反馈、转发分享的全部心理过程。一般情况下，用户购买产品的动机包括求美心理、攀比心理、从众心理、便捷心理、恐惧心理、尊重心理等。

3. 表达真诚

直播电商的信息传递是实时的、多元化的、互动式的，真诚的态度、语言、肢体动作更容易激发用户产生情感共鸣，拉近双方的心理距离，提升主播与用户的亲密度，从而有效地提高直播间整体的转粉率和成交率。

7.7.3 场控运营——直播间场控运营技巧

场控就是一个直播间的导演，是非常重要的运营工作。在直播前，场控需要提前确定好直播流程，熟悉直播脚本。在直播过程中，场控人员主要是把控直播间氛围，引导粉丝互动，处理突发状况、统筹直播活动。

1. 带动直播间节奏和氛围

有时场控人员需要在直播间扮演粉丝，帮助主播活跃气氛，营造直播间热度。如果发现有粉丝有恶意带节奏、打商业广告、挖人等行为，场控就需要配合直播做好控评工作，可以通过不断互动遮住不当言论，以免影响其他粉丝；也可以在开场前设置屏蔽词功能，消除可能会出现的不良信息，以免打乱直播节奏。

2．把控商品销售节奏

场控还要实时关注直播间粉丝反馈和直播产品的数据反馈，并及时提示主播进行直播策略的调整。例如，某款产品卖得很好，则提醒主播继续播，相反则需要主播马上过款，以免直播间粉丝流失。对商品库存的情况也需要及时掌握，并及时提醒主播，引导粉丝下单。

有时场控还会旁敲侧击地提醒主播，比如“我看到预告上说会有粉丝福利，是吗？”，事实上，场控是提醒主播应该发放福利了。

3．解决技术故障问题

技术故障属于客观因素造成的突发情况，如直播中段、直播画面卡顿、闪退等，面对技术故障需要场控第一时间进行解决，或实行备选方案。这类技术故障问题的出现往往会严重影响用户体验，导致用户流失。

7.7.4 粉丝运营——直播间粉丝运营技巧

粉丝运营是影响直播间运营的重要因素，为了增强粉丝黏性，提升粉丝转化率，直播在进行过程中，运营者可以直接利用直播页面，引导用户加入粉丝群组，也可以由主播在开场和结束时多次引导用户加入粉丝群。

对于已经加入的粉丝，运营者的粉丝运营和维护可以通过策划线上活动、分享有价值的信息、发放粉丝福利等方式来提升粉丝群的活跃度和粉丝黏性。

1．策划线上活动

线上活动的发起比较便捷，运营者可以将常规的节日活动、热门话题作为线上活动的策划选题。比如元旦节来临，某教育机构群主线上策划了关于“新年计划”的话题讨论，紧接着，群主号召用户在粉丝群进行接力报名，赢新年日历，最后参与活动的粉丝纷纷在粉丝群晒单感谢。一场不受时间地点限制、花费较少的线上活动极大提升了粉丝的参与感和归属感。

2．分享有价值的信息

有价值的内容依然是稀缺的，持续向粉丝输出有价值的信息对粉丝群的长期活跃十分重要。这些分享的信息可以是有趣的、有用的，也可以是用户欲知而未知的内容。比如某母婴机构，每日会在群内分享关于新生儿的营养健康信息、新手妈妈的健康恢复问题等，配合产品链接，有效提升了转化率。除此之外，还要注意对用户关心的话题或提出的问题进行收集，引导用户积极互动。

3．发放粉丝福利

主播可以定时或不定时地为粉丝发放福利，增强粉丝黏性。常见的福利形式有派发红包、发放商品优惠券、评论截图抽奖、整点抽奖、下单抽奖、发放小礼品等。

思政园地

数字平台助力乡村振兴

抖音乡村计划入选国家乡村振兴局2022年度社会帮扶典型案例。2021年，“山货上头条”推动179.3万款农特商品通过抖音电商销往全国。2022年，“山里DOU是好风光”推广8个省226个县文旅资源60亿次，帮助销售乡村文旅商品3.4亿元。新农人培训项目两年累计培训17.3万人。

据《2022丰收节抖音电商助力乡村发展报告》显示，抖音电商“山货上头条”溯源农产区，一年内重点覆盖8个省份146个县市，以专项扶助、培训指导、长期规模化运营等方式帮助农货商家及新农人优质经营，扶持了69个地标农商品产业化发展。山货上头条助农话题累计点赞、评论、分享了近9 000万次，全年共销售农特产品28.3亿单。抖音平台三农电商达人数量同比增长252%。

2023年9月21日，据抖音电商发布《2023丰收节抖音电商助农数据报告》显示，2022年9月至2023年9月，抖音电商共助销农特产47.3亿单，平均每天就有1 300万个装有农特产的包裹销往全国各地。

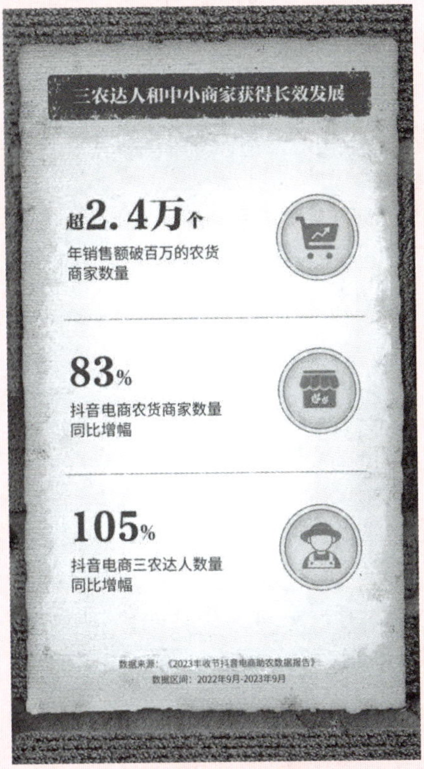

图7-8　2023年丰收节抖音电商助力乡村发展报告部分截图

项目实施

任务7.1　直播前的预热推广策划

步骤1：以小组为单位，策划一场时长1小时的直播活动，要求有明确直播主题。

步骤2：撰写一份直播前的预热推广方案，填写表7-10。

表7-10　预热推广规划

宣传形式	宣发平台	宣发时间/频率
例：图文	小红书	直播前一周，3次/周

步骤 3：制作一则预热短视频（时长不大于 1 分钟）并发布，记录该预热短视频的推广数据。

任务 7.2 以小组为单位，自选一个热门商品，撰写一份单品直播脚本

步骤 1：根据选品三原则和选品的依据，选择一款商品。

步骤 2：对照学习表 7-7 的单品直播操作说明和表 7-8 所示的单品直播脚本范例，从商品导入、卖点提炼、利益点诉求和引导转化等方面，撰写单品直播脚本。

步骤 3：为该商品撰写详细的直播语句。

步骤 4：模拟现场直播，录制一条 5 ～ 8 分钟的直播视频。

项目小结

根据本项目的要求，学生首先要对直播内容有基本的认知，包括直播内容的评价、增强直播内容的创意和提升直播的吸引力；其次，在全面了解了直播活动的流程后，还需要对直播节奏和直播活动的设计进行具体练习；再次，对于电商直播来说，选品至关重要，因此还需要对选品的原则和渠道清晰地了解；最后，直播活动的成败很大程度上受制于直播运营，因此学生要对基础的直播运营知识，如产品运营、主播运营、场控运营、粉丝运营有清晰的认识。

在掌握了这些基础知识后，学生能够学以致用，通过组建团队策划直播活动，实施引流推广策略、撰写单品直播脚本，加深对直播工作的认识，储备未来从事相关行业的工作技能。

拓展知识

整场直播脚本的流程要详细具体，以便直播团队明确直播目标，把控整体直播节奏。表 7-7 是某整场直播的脚本示例。

表7-7 整场直播脚本示例

×××直播概述	
直播目标	吸引 2 万人进入直播间，GMV 达到 200 万元
直播时间	2023 年 11 月 9 日，20:00—22:00
直播地点	××× 直播室
直播主题	双十一促销（女装专场）
商品数量	10 个
主播介绍	××，直播达人
注意事项	① 丰富互动玩法，提高用户活跃度，增加粉丝数量； ② 主播讲解节奏为商品讲解 50%+ 回复用户问题 20%+ 互动展示 30%； ③ 重点介绍促销规则，引导用户下单； ④ 做好引流款和利润款的介绍

续 表

直播流程				
时间段	流程规划	人员分工		
		主播	助理	场控/客服
20:00—20:10	开场预热	自我介绍，寒暄，介绍开场直播的抽奖规则，简单介绍今日主推款商品，引导用户关注直播间	演示抽奖参与的方法，回答用户问题	向各平台分享开播链接，收集中奖信息
20:10—20:20	活动剧透	简单介绍本场促销力度和直播商品	商品配套展示，补充主播遗漏的内容	向各平台推送直播活动信息
20:20—20:25	商品推荐	讲解、试穿第一款服装，全方位展示上身效果，商品卖点介绍，引导用户提出使用痛点，回复用户问题，引导用户下单	与主播完成“画外音”互动，协助主播回复用户问题，补充遗漏卖点或利益点	发布商品链接，回复用户的订单咨询，统计在线人数和转化数据
20:25-20:30	商品推荐	讲解、试穿第二款服装，全方位展示上身效果，商品卖点介绍，引导用户提出使用痛点，回复用户问题，引导用户下单	与主播完成“画外音”互动，协助主播回复用户问题，补充遗漏卖点或利益点	发布商品链接，回复用户的订单咨询，统计在线人数和转化数据
20:30—20:35	抽奖活动	与用户互动，发送抽奖信息	提示抽奖的时间节点，介绍游戏规则，引导用户关注主播	发送抽奖链接，收集互动信息和获奖信息
20:35—20:40	商品推荐	讲解、试穿第三款服装，全方位展示上身效果，商品卖点介绍，引导用户提出使用痛点，回复用户问题，引导用户下单	与主播完成“画外音”互动，协助主播回复用户问题，补充遗漏卖点或利益点	发布商品链接，回复用户的订单咨询，统计在线人数和转化数据
20:40—20:45	商品推荐	讲解、试穿第四款服装，全方位展示上身效果，商品卖点介绍，引导用户提出使用痛点，回复用户问题，引导用户下单	与主播完成“画外音”互动，协助主播回复用户问题，补充遗漏卖点或利益点	发布商品链接，回复用户的订单咨询，统计在线人数和转化数据
20:45—20:50	福利赠送	新增关注500人进行抽奖，中奖者获得衣服一件	提示发送福利的时间节点，介绍抽奖规则，引导关注主播	收集中奖信息，与中奖者取得联系
20:50—21:00	商品推荐	讲解、试穿第五款服装，全方位展示上身效果，商品卖点介绍，引导用户提出使用痛点，回复用户问题，引导用户下单	与主播完成“画外音”互动，协助主播回复用户问题，补充遗漏卖点或利益点	发布商品链接，回复用户的订单咨询，统计在线人数和转化数据
21:00—21:05	商品推荐	讲解、试穿第六款服装，全方位展示上身效果，商品卖点介绍，引导用户提出使用痛点，回复用户问题，引导用户下单	与主播完成“画外音”互动，协助主播回复用户问题，补充遗漏卖点或利益点	发布商品链接，回复用户的订单咨询，统计在线人数和转化数据
21:05—21:10	商品推荐	讲解、试穿第七款服装，全方位展示上身效果，商品卖点介绍，引导用户提出使用痛点，回复用户问题，引导用户下单	与主播完成“画外音”互动，协助主播回复用户问题，补充遗漏卖点或利益点	发布商品链接，回复用户的订单咨询，统计在线人数和转化数据
21:10—21:20	福利赠送	新增关注500人，进行抽奖，中奖者获得衣服一件	提示发送福利的时间节点，介绍抽奖规则，引导关注主播	收集中奖信息，与中奖者取得联系

续 表

直播流程				
时间段	流程规划	人员分工		
		主播	助理	场控/客服
21:20—21:25	商品推荐	讲解、试穿第八款服装，全方位展示上身效果，商品卖点介绍，引导用户提出使用痛点，回复用户问题，引导用户下单	与主播完成“画外音”互动，协助主播回复用户问题，补充遗漏卖点或利益点	发布商品链接，回复用户的订单咨询，统计在线人数和转化数据
21:25-21:30	商品推荐	讲解、试穿第九款服装，全方位展示上身效果，商品卖点介绍，引导用户提出使用痛点，回复用户问题，引导用户下单	与主播完成“画外音”互动，协助主播回复用户问题，补充遗漏卖点或利益点	发布商品链接，回复用户的订单咨询，统计手线人数和转化数据
21:30—21:35	商品推荐	讲解、试穿第十款服装，全方位展示上身效果，商品卖点介绍，引导用户提出使用痛点，回复用户问题，引导用户下单	与主播完成“画外音”互动，协助主播回复用户问题，补充遗漏卖点或利益点	发布商品链接，回复用户的订单咨询，统计在线人数和转化数据
21:35—21:40	红包活动	与用户互动，发送红包	提示发送红包的时间节点，介绍活动的规则，引导关注主播	发送红包，收集互动信息
21:40—21:50	商品返场	对销售情况较好的商品或利润款进行返场讲解	协助场控向主播提示返场商品，协助主播回复用户问题，引导下单	收集、分析每款商品的在线人数和点击转化数据，向助理与主播提示返场商品，回复用户的订单咨询
21:50—22:00	直播结束 预告下场直播	简单介绍下次直播商品，引导用户关注直播间，强调开播时间和福利	协助主播引导用户关注直播间	回复用户订单咨询

知识巩固

一、选择题

1.（　　）是在直播间以授课的方式传递相关知识和技能，这些直播看起来很轻松，互动性强，同时又让用户产生学到了东西的满足感。

A. 资讯直播　　B. 社交直播　　C. 电商直播　　D. 知识直播

2. 马斯洛把人的需要划分成了两种类型：匮乏性需要和（　　）。

A. 成长性需要　　B. 生理需要

C. 安全需要　　D. 自我实现的需要

3.（　　）发挥着直播间总指挥的角色。

A. 主播　　B. 场控　　C. 助理　　D. 运营

4. 价格相对低，用户决策成本低，有利于吸引流量的产品类型是（　　）。

A. 战略款　　B. 引流款　　C. 福利款　　D. 利润款

5. 主播利用账号名称、账号简介、粉丝群的设置进行预告推广的场景是（　　）。

A. 私域场景　　B. 公域场景　　C. 社交平台　　D. 朋友圈

二、填空题

1. 评价直播内容的标准主要有两个，一是________，二是________。

2. 根据用户参与直播的目的划分，直播可以分为三种形式，即________、________、________。

3. 在做直播宣传规划时，要注意选择合适的宣发平台、选择合适的宣传频率和合适的________。

4. 直播间的商品按照其作用的不同，可以分为________、________、________和________四种类型。

5. 组合定价策略一般可以采用________和________两种方式。

三、简答题

1. 选品的依据有哪些？

2. 直播间粉丝运营技巧有哪些？

3. 为什么说主播的专业度非常重要？

4. 简述直播活动的基本流程。

5. 简述选品线上渠道和线下渠道的优缺点。

拓展任务

自学拓展知识，撰写一份整场直播总流程的脚本方案，并在熟悉的直播平台开展一场直播。

1. 选择合适的直播预热推广时机和平台，为直播进行引流。

2. 直播过程中，注意直播语句的使用；应用发红包、抽奖等形式的引流策略；积极与直播间用户互动，引导用户关注。

3. 总结此次直播活动的经验和教训。

笔记栏

项目测评

学习成果达成与测评

<table>
<tr><td>学号</td><td></td><td>姓名</td><td></td><td>项目序号</td><td></td><td>项目名称</td><td>短视频直播运营</td><td>学时</td><td>12</td><td>学分</td><td>0.3</td></tr>
<tr><td>职业技能等级</td><td colspan="2">中级</td><td colspan="3">职业能力</td><td colspan="4"></td><td>子任务数</td><td>5个</td></tr>
<tr><td>序号</td><td colspan="2">评价内容</td><td colspan="8">评价标准</td><td>分数</td></tr>
<tr><td>1</td><td colspan="2">直播基础知识</td><td colspan="8">熟悉对直播内容评价的标准</td><td></td></tr>
<tr><td>2</td><td colspan="2">直播活动流程</td><td colspan="8">掌握完整的直播活动流程</td><td></td></tr>
<tr><td>3</td><td colspan="2">直播选品</td><td colspan="8">掌握直播选品的依据标准，熟悉不同的选品渠道</td><td></td></tr>
<tr><td>4</td><td colspan="2">直播脚本</td><td colspan="8">能够独立撰写一场单品直播脚本</td><td></td></tr>
<tr><td>5</td><td colspan="2">现场直播</td><td colspan="8">能够利用合适的直播语句和引流策略，发起一场直播</td><td></td></tr>
<tr><td rowspan="2">考核评价</td><td colspan="10">项目整体分数（每项评价内容分值为1分）</td><td></td></tr>
<tr><td colspan="11">指导教师评语</td></tr>
<tr><td>备注</td><td colspan="11">奖励：
1. 按照完成质量给予1～10分奖励，额外加分不超过5分。
2. 每超额完成1个任务，额外加分3分。
3. 巩固提升任务完成优秀，额外加分2分。
惩罚：
1. 完成任务超过规定时间扣2分。
2. 完成任务有缺项每项扣2分。
3. 任务实施报告编写歪曲事实，个人杜撰或有抄袭内容不予评分。</td></tr>
</table>

学习成果实施报告书

<table>
<tr><td>题目</td><td colspan="5"></td></tr>
<tr><td>班级</td><td></td><td>姓名</td><td></td><td>学号</td><td></td></tr>
<tr><td colspan="6">任务实施报告</td></tr>
<tr><td colspan="6">请简要记述学习过程中完成的各项任务，描述任务规划以及实施过程，遇到的重难点以及解决过程，总结不同类型爆款短视频的属性等。</td></tr>
<tr><td colspan="6">考核评价（按10分制）</td></tr>
<tr><td colspan="3" rowspan="2">教师评语：</td><td>态度分数</td><td colspan="2"></td></tr>
<tr><td>工作量分数</td><td colspan="2"></td></tr>
<tr><td colspan="6">考评规则</td></tr>
<tr><td colspan="6">工作量考核标准：
1. 任务完成及时。
2. 操作规范。
3. 实施报告书内容真实可靠，条理清晰，文本流畅，逻辑性强。
4. 没有完成工作量，扣1分，故意抄袭实施报告扣5分。</td></tr>
</table>